民法典知识题集

领导干部版

《民法典知识题集》编写组 编

中国法制出版社
CHINA LEGAL PUBLISHING HOUSE

编写说明

《中华人民共和国民法典》已由第十三届全国人民代表大会第三次会议于2020年5月28日通过，2021年1月1日起施行。

加强民法典普法工作，是实施好民法典需要重点做好的工作之一。为配合民法典的普法宣传，我们组织编写了这本《民法典知识题集（领导干部版）》，从习题的角度为领导干部学习、掌握民法典相关知识提供帮助。本书具有以下特点：

一是编排合理。全书以民法典的立法体例为基础，编排专题内容。同时，本书采用单数页试题，双数页答案的版式，减少翻找答案的时间，更快更准地学习民法典。

二是重点覆盖。全书通过不同题型的设置和解析，重点覆盖涉及领导干部的民法典的条文，力争通过习题和解析熟悉了解民法典的相关知识。

三是题型丰富。全书各专题都设置判断题、单选题、多选题和填空题，个别专题适当设置了简答题。

四是解析到位。全书习题都附有答案解析，部分习题特别是填空题的解析，出于节省篇幅考虑，只列出答案和条文序号，读者可以对照检索查阅。

五是难度适中。全书习题设置避免难题、偏题、怪题，习题和解析有民法典法律条文做依据，帮助读者学习掌握。

本书适合领导干部阅读或者组织相关培训配套使用。希望本书的出版能够有助于引导领导干部充分认识到民法典是其必须遵循的规范，养成自觉守法的意识，提高运用法治思维和法治方式深化改革、推动发展、化解矛盾、维护稳定、应对风险的能力。

民法典是我国法律体系中条文最多、体量最大、编章结构最复杂的一部法律。由于时间和水平有限，不足之处在所难免，敬请广大读者批评指正。

《民法典知识题集》编写组

2021年6月

目录

专题一

走进民法典——基本规定[①]

第一讲　民法的基本原则

一、判断题

1. 民法调整一切主体的自然人、法人和非法人组织之间的人身关系和财产关系。(　　)
2. 处理民事纠纷，应当适用习惯，但是不得违背公序良俗。(　　)

二、单项选择题

1. 民事主体的人身权利、财产权利以及其他合法权益受法律保护，任何(　　)不得侵犯。

A. 组织　　B. 个人

C. 组织或者个人　　D. 国家

2. 民事主体从事民事活动，应当遵循(　　)原则，合理确定各方的权利和义务。

A. 自愿　　B. 公平

C. 诚信　　D. 公序良俗

3. 处理民事纠纷，应当依照法律；法律没有规定的，可以适用(　　)，但是不得违背公序良俗。

A. 判例　　B. 习惯

C. 习俗　　D. 学理

① 本书采用单数页试题、双数页答案的格式排版。

参考答案

一、判断题

1. ×，解析：根据《民法典》第2条规定，民法调整平等主体的自然人、法人和非法人组织之间的人身关系和财产关系。

2. ×，解析：根据《民法典》第10条规定，处理民事纠纷，应当依照法律；法律没有规定的，可以适用习惯，但是不得违背公序良俗。

二、单项选择题

1. C，解析：根据《民法典》第3条规定，民事主体的人身权利、财产权利以及其他合法权益受法律保护，任何组织或者个人不得侵犯。

2. B，解析：根据《民法典》第6条规定，民事主体从事民事活动，应当遵循公平原则，合理确定各方的权利和义务。

3. B，解析：根据《民法典》第10条规定，处理民事纠纷，应当依照法律；法律没有规定的，可以适用习惯，但是不得违背公序良俗。

三、多项选择题

1. 我国民法制定的目的和任务是：（　　）

   A. 保护民事主体的合法权益

   B. 调整民事关系，维护社会和经济秩序

   C. 适应中国特色社会主义发展要求

   D. 弘扬社会主义核心价值观

2. 我国民法的基本原则有：（　　）

   A. 平等、自愿、公平原则　　B. 诚信原则

   C. 守法与公序良俗原则　　D. 绿色原则

3. 民事主体从事民事活动，应当遵循自愿原则，按照自己的意思（　　）民事法律关系。

   A. 设立　　B. 中止

   C. 变更　　D. 终止

四、简答题

简述我国民法的基本原则。

三、多项选择题

1. ABCD，解析：根据《民法典》第1条规定，为了保护民事主体的合法权益，调整民事关系，维护社会和经济秩序，适应中国特色社会主义发展要求，弘扬社会主义核心价值观，根据宪法，制定本法。
2. ABCD，解析：根据《民法典》第4条至第9条规定，我国民法的基本原则包括平等原则、自愿原则、公平原则、诚信原则、守法与公序良俗原则以及绿色原则。
3. ACD，解析：根据《民法典》第5条规定，民事主体从事民事活动，应当遵循自愿原则，按照自己的意思设立、变更、终止民事法律关系。

四、简答题

答：根据《民法典》第4条至第9条规定，我国民法的基本原则有：平等原则、自愿原则、公平原则、诚信原则、守法与公序良俗原则和绿色原则。

（1）平等原则是指，民事主体在民事活动中的法律地位一律平等。

（2）自愿原则是指，民事主体从事民事活动，应当遵循自愿原则，按照自己的意思设立、变更、终止民事法律关系。

（3）公平原则是指，民事主体从事民事活动，应当遵循公平原则，合理确定各方的权利和义务。

（4）诚信原则是指，民事主体从事民事活动，应当遵循诚信原则，秉持诚实，恪守承诺。

（5）守法与公序良俗原则是指，民事主体从事民事活动，不得违反法律，不得违背公序良俗。

（6）绿色原则是指，民事主体从事民事活动，应当有利于节约资源、保护生态环境。

第二讲　民事主体

一、判断题

1. 自然人从出生时起到死亡时止，具有民事权利能力，依法享有民事权利，承担民事义务。（　　）
2. 16 周岁以上的自然人为成年人。（　　）
3. 依法具有监护资格的人之间应通过诉讼确定监护人。（　　）
4. 监护关系终止后，被监护人仍然需要监护的，应当依法另行确定监护人。（　　）
5. 自然人被宣告死亡但是并未死亡的，其在被宣告死亡期间实施的民事法律行为无效。（　　）
6. 法人是具有民事权利能力和民事行为能力，依法独立享有民事权利和承担民事义务的组织。（　　）
7. 法人的实际情况与登记的事项不一致的，不得对抗相对人。（　　）
8. 法人依法被吊销营业执照、登记证书，被责令关闭或者被撤销的，法人解散。（　　）
9. 营利法人可以不设权力机构。（　　）
10. 社会团体法人应当设理事会等权力机构。（　　）

二、单项选择题

1. 自然人的出生时间，以（　　）为准。

   A. 出生证明记载的时间　　B. 户籍登记的时间

   C. 身份证登记的时间　　D. 经过公证的出生时间

参考答案

一、判断题

1. √，解析：根据《民法典》第 13 条规定。
2. ×，解析：根据《民法典》第 17 条规定，18 周岁以上的自然人为成年人。不满 18 周岁的自然人为未成年人。
3. ×，解析：根据《民法典》第 30 条规定，依法具有监护资格的人之间可以协议确定监护人。协议确定监护人应当尊重被监护人的真实意愿。
4. √，解析：根据《民法典》第 39 条规定。
5. ×，解析：根据《民法典》第 49 条规定，自然人被宣告死亡但是并未死亡的，不影响该自然人在被宣告死亡期间实施的民事法律行为的效力。
6. √，解析：根据《民法典》第 57 条规定。
7. ×，解析：根据《民法典》第 65 条规定，法人的实际情况与登记的事项不一致的，不得对抗善意相对人。
8. √，解析：根据《民法典》第 69 条规定。
9. ×，解析：根据《民法典》第 80 条第 1 款规定，营利法人应当设权力机构。
10. ×，解析：根据《民法典》第 91 条第 3 款规定，社会团体法人应当设理事会等执行机构。理事长或者会长等负责人按照法人章程的规定担任法定代表人。

二、单项选择题

1. A，解析：根据《民法典》第 15 条规定，自然人的出生时间和死亡时间，以出生证明、死亡证明记载的时间为准；没有出生证明、死亡证明的，以户籍登记或者其他有效身份登记记载的时间为准。有其他证据足以推翻以上记载时间的，以该证据证明的时间为准。

2. (　　)周岁以上的未成年人，以自己的劳动收入为主要生活来源的，视为完全民事行为能力人。

A. 14　　B. 15

C. 16　　D. 17

3. 人民法院应当尊重被监护人的真实意愿，按照(　　)的原则在依法具有监护资格的人中指定监护人。

A. 权利义务对等　　B. 遵守法律法规

C. 最有利于被监护人　　D. 尊重被监护人意愿

4. 因意外事件下落不明，经有关机关证明该自然人不可能生存的，申请宣告死亡不受(　　)时间的限制。

A. 2 年　　B. 3 年

C. 4 年　　D. 5 年

5. 自然人从事工商业经营，经依法(　　)，为个体工商户。

A. 批准　　B. 核准

C. 登记　　D. 特许

6. 设立法人，法律、行政法规规定须经有关机关(　　)的，依照其规定。

A. 批准　　B. 特许

C. 登记　　D. 核准

7. 法人分立的，其债权由分立后的法人享有(　　)，但是债权人和债务人另有约定的除外。

A. 全部债权　　B. 连带债权

C. 部分债权　　D. 按份债权

8. 营利法人的成立日期是：(　　)

A. 法人章程确定的日期　　B. 法人权力机构确定的日期

C. 登记机关确定的日期　　D. 营业执照签发日期

2. C，解析：根据《民法典》第 18 条规定，成年人为完全民事行为能力人，可以独立实施民事法律行为。16 周岁以上的未成年人，以自己的劳动收入为主要生活来源的，视为完全民事行为能力人。
3. C，解析：根据《民法典》第 31 条第 2 款规定，居民委员会、村民委员会、民政部门或者人民法院应当尊重被监护人的真实意愿，按照最有利于被监护人的原则在依法具有监护资格的人中指定监护人。
4. A，解析：《民法典》第 46 条规定："自然人有下列情形之一的，利害关系人可以向人民法院申请宣告该自然人死亡：（一）下落不明满四年；（二）因意外事件，下落不明满二年。因意外事件下落不明，经有关机关证明该自然人不可能生存的，申请宣告死亡不受二年时间的限制。"
5. C，解析：根据《民法典》第 54 条规定，自然人从事工商业经营，经依法登记，为个体工商户。个体工商户可以起字号。
6. A，解析：根据《民法典》第 58 条第 3 款规定，设立法人，法律、行政法规规定须经有关机关批准的，依照其规定。
7. B，解析：根据《民法典》第 67 条第 2 款规定，法人分立的，其权利和义务由分立后的法人享有连带债权，承担连带债务，但是债权人和债务人另有约定的除外。
8. D，解析：根据《民法典》第 78 条规定，依法设立的营利法人，由登记机关发给营利法人营业执照。营业执照签发日期为营利法人的成立日期。

9. 营利法人的权力机构作出的决议内容违反法人章程的，(　　)可以请求人民法院撤销该决议。

A. 营利法人的出资人　　B. 营利法人的董事

C. 营利法人的实际控制人　　D. 营利法人的监事

10. 下列不是特别法人的是：(　　)

A. 农村集体经济组织法人　　B. 社会服务机构法人

C. 基层群众性自治组织法人　　D. 机关法人

三、多项选择题

1. 下列可以证明自然人出生时间的有：(　　)

A. 出生证明记载的时间　　B. 户籍登记的时间

C. 身份证登记的时间　　D. 军人身份证件登记的时间

2. 未成年人的父母已经死亡的，有监护能力并愿意担任监护人的组织，经未成年人住所地的(　　)同意，可以担任监护人。

A. 居民委员会　　B. 未成年人保护组织

C. 村民委员会　　D. 民政部门

3. 成年人的监护人应当保障并协助被监护人实施与其(　　)相适应的民事法律行为

A. 精神健康状况　　B. 年龄

C. 身体健康状况　　D. 智力状况

4. 财产代管人(　　)，失踪人的利害关系人可以向人民法院申请变更财产代管人。

A. 因意外造成失踪人财产损失　　B. 不履行代管职责

C. 侵害失踪人财产权益　　D. 丧失代管能力

9. A，解析：根据《民法典》第 85 条规定，营利法人的权力机构、执行机构作出决议的会议召集程序、表决方式违反法律、行政法规、法人章程，或者决议内容违反法人章程的，营利法人的出资人可以请求人民法院撤销该决议。但是，营利法人依据该决议与善意相对人形成的民事法律关系不受影响。

10. B，解析：根据《民法典》第 96 条规定，本节规定的机关法人、农村集体经济组织法人、城镇农村的合作经济组织法人、基层群众性自治组织法人，为特别法人。

三、多项选择题

1. ABCD，解析：根据《民法典》第 15 条规定，自然人的出生时间和死亡时间，以出生证明、死亡证明记载的时间为准；没有出生证明、死亡证明的，以户籍登记或者其他有效身份登记记载的时间为准。有其他证据足以推翻以上记载时间的，以该证据证明的时间为准。

2. ACD，解析：《民法典》第 27 条规定："父母是未成年子女的监护人。未成年人的父母已经死亡或者没有监护能力的，由下列有监护能力的人按顺序担任监护人：（一）祖父母、外祖父母；（二）兄、姐；（三）其他愿意担任监护人的个人或者组织，但是须经未成年人住所地的居民委员会、村民委员会或者民政部门同意。"

3. AD，解析：根据《民法典》第 35 条第 3 款规定，成年人的监护人履行监护职责，应当最大程度地尊重被监护人的真实意愿，保障并协助被监护人实施与其智力、精神健康状况相适应的民事法律行为。对被监护人有能力独立处理的事务，监护人不得干涉。

4. BCD，解析：根据《民法典》第 44 条第 1 款规定，财产代管人不履行代管职责、侵害失踪人财产权益或者丧失代管能力的，失踪人的利害关系人可以向人民法院申请变更财产代管人。

5. 下列关于法人合并或者分立后，其权利的享有的说法正确的是：（　　）

A. 法人合并的，其权利仍由合并前的法人享有

B. 法人合并的，其权利由合并后的法人享有

C. 法人分立的，其权利由分立后的法人享有连带债权

D. 法人分立的，其权利由分立前的法人享有债权

6. 营利法人执行机构为董事会或者执行董事的，按照法人章程的规定可以担任法定代表人的有：（　　）

A. 董事长　　B. 执行董事

C. 经理　　D. 监事

7. 特别法人包括：（　　）

A. 农村集体经济组织法人　　B. 城镇农村的合作经济组织法人

C. 基层群众性自治组织法人　　D. 机关法人

8. 非法人组织包括：（　　）

A. 个人独资企业　　B. 专业服务机构

C. 合伙企业　　D.不具有法人资格的专业服务机构

四、填空题

1. 涉及____、____等胎儿利益保护的，胎儿视为具有民事权利能力；但是，胎儿娩出时为死体的，其民事权利能力____。

2. 不能____自己行为的成年人为无民事行为能力人，由其____代理实施民事法律行为。

3. 自然人以____或者____为住所；经常居所与住所不一致的，____视为住所。

4. 监护人____履行监护职责产生的权利，受____保护。

5. 财产代管人应当妥善____失踪人的财产，维护其财产权益。

6. 失踪人重新出现，有权请求财产代管人____有关财产并____财产代管情况。

5. BC，解析：根据《民法典》第67条规定，法人合并的，其权利和义务由合并后的法人享有和承担。法人分立的，其权利和义务由分立后的法人享有连带债权，承担连带债务，但是债权人和债务人另有约定的除外。

6. ABC，解析：根据《民法典》第81条第3款规定，执行机构为董事会或者执行董事的，董事长、执行董事或者经理按照法人章程的规定担任法定代表人；未设董事会或者执行董事的，法人章程规定的主要负责人为其执行机构和法定代表人。

7. ABCD，解析：根据《民法典》第96条规定，本节规定的机关法人、农村集体经济组织法人、城镇农村的合作经济组织法人、基层群众性自治组织法人，为特别法人。

8. ACD，解析：根据《民法典》第102条规定，非法人组织是不具有法人资格，但是能够依法以自己的名义从事民事活动的组织。非法人组织包括个人独资企业、合伙企业、不具有法人资格的专业服务机构等。

四、填空题

1. 遗产继承；接受赠与；自始不存在。(《民法典》第16条)
2. 辨认；法定代理人。(《民法典》第21条)
3. 户籍登记；其他有效身份登记记载的居所；经常居所。(《民法典》第25条)
4. 依法；法律。(《民法典》第34条第2款)
5. 管理。(《民法典》第43条第1款)
6. 及时移交；报告。(《民法典》第45条第2款)

7. 自然人从事____经营，经依法____，为个体工商户。个体工商户____起字号。

8. 法人应当依法成立。法人应当有自己的____、____、____、____或者____。

9. 法人以其____为住所。依法需要办理法人登记的，应当将____登记为住所。

10. 清算结束并完成____时，法人终止；依法____办理法人登记的，清算结束时，法人终止。

11. 营利法人经依法____成立。

12. 营利法人从事经营活动，应当遵守____，维护____，接受____的监督，承担____责任。

五、简答题

1. 简述撤销监护人资格的条件。

2. 简述监护关系终止的情形。

3. 简述法人解散的情形。

7. 工商业；登记；可以。（《民法典》第54条）
8. 名称；组织机构；住所；财产；经费。（《民法典》第58条第1、2款）
9. 主要办事机构所在地；主要办事机构所在地。（《民法典》第63条）
10. 法人注销登记；不需要。（《民法典》第72条第3款）
11. 登记。（《民法典》第77条）
12. 商业道德；交易安全；政府和社会；社会。（《民法典》第86条）

五、简答题

1. 答：根据《民法典》第36条第1款规定，监护人有下列情形之一的，人民法院根据有关个人或者组织的申请，撤销其监护人资格，安排必要的临时监护措施，并按照最有利于被监护人的原则依法指定监护人：（1）实施严重损害被监护人身心健康的行为；（2）怠于履行监护职责，或者无法履行监护职责且拒绝将监护职责部分或者全部委托给他人，导致被监护人处于危困状态；（3）实施严重侵害被监护人合法权益的其他行为。
2. 答：根据《民法典》第39条第1款规定，有下列情形之一的，监护关系终止：（1）被监护人取得或者恢复完全民事行为能力；（2）监护人丧失监护能力；（3）被监护人或者监护人死亡；（4）人民法院认定监护关系终止的其他情形。
3. 答：根据《民法典》第69条规定，有下列情形之一的，法人解散：（1）法人章程规定的存续期间届满或者法人章程规定的其他解散事由出现；（2）法人的权力机构决议解散；（3）因法人合并或者分立需要解散；（4）法人依法被吊销营业执照、登记证书，被责令关闭或者被撤销；（5）法律规定的其他情形。

第三讲 民事权利

一、判断题

1. 自然人因婚姻家庭关系等产生的人身权利受法律保护。(　　)
2. 物权的种类和内容，由法律、行政法规规定。(　　)
3. 为了公共利益的需要，依照法律规定的权限和程序征收、征用不动产或者动产的，可以给予适当的补偿。(　　)
4. 民事主体依法享有继承权。(　　)
5. 民事主体享有法律规定的其他民事权利和利益。(　　)

二、单项选择题

1. 法人、非法人组织享有的权利不包括：(　　)

A. 名称权　　B. 名誉权

C. 姓名权　　D. 荣誉权

2. 物权的种类和内容，由(　　)规定。

A. 宪法　　B. 行政法规

C. 法律　　D. 行政规章

3. 因他人没有(　　)根据，取得不当利益，受损失的人有权请求其返还不当利益。

A. 事实　　B. 习惯

C. 现实　　D. 法律

4. 知识产权的权利人可以就下列哪项客体依法享有专有权利？(　　)

A. 水流　　B. 通用公式

C. 商业秘密　　D. 矿产资源

参考答案

一、判断题

1. √，解析：根据《民法典》第112条规定。
2. ×，解析：根据《民法典》第116条规定，物权的种类和内容，由法律规定。
3. ×，解析：根据《民法典》第117条规定，为了公共利益的需要，依照法律规定的权限和程序征收、征用不动产或者动产的，应当给予公平、合理的补偿。
4. ×，解析：根据《民法典》第124条规定，自然人依法享有继承权。自然人合法的私有财产，可以依法继承。
5. √，解析：根据《民法典》第126条规定。

二、单项选择题

1. C，解析：根据《民法典》第110条规定，自然人享有生命权、身体权、健康权、姓名权、肖像权、名誉权、荣誉权、隐私权、婚姻自主权等权利。法人、非法人组织享有名称权、名誉权和荣誉权。
2. C，解析：根据《民法典》第116条规定，物权的种类和内容，由法律规定。
3. D，解析：根据《民法典》第122条规定，因他人没有法律根据，取得不当利益，受损失的人有权请求其返还不当利益。
4. C，解析：根据《民法典》第123条规定，民事主体依法享有知识产权。知识产权是权利人依法就下列客体享有的专有的权利：（1）作品；（2）发明、实用新型、外观设计；（3）商标；（4）地理标志；（5）商业秘密；（6）集成电路布图设计；（7）植物新品种；（8）法律规定的其他客体。

三、多项选择题

1. 自然人享有的权利包括：(　　)

A. 身体权　　B. 肖像权

C. 荣誉权　　D. 婚姻自主权

2. 任何组织或者个人需要获取他人个人信息的，应当依法取得并确保信息安全，不得非法(　　)他人个人信息，不得非法买卖、提供或者公开他人个人信息。

A. 收集　　B. 加工

C. 使用　　D. 传输

3. 物权包括：(　　)

A. 著作权　　B. 所有权

C. 用益物权　　D. 担保物权

4. 债权是因(　　)以及法律的其他规定，权利人请求特定义务人为或者不为一定行为的权利。

A. 侵权行为　　B. 合同

C. 无因管理　　D. 不当得利

5. 民事权利可以依据(　　)取得。

A. 民事法律行为　　B. 事实行为

C. 法律规定的事件　　D. 事件

四、填空题

1. 物权是权利人依法对特定的物享有直接____的权利，包括____、____和____。

2. 物包括____和____。法律规定权利作为物权客体的，依照其规定。

3. 债权是因____、侵权行为、____、不当得利以及法律的其他规定，权利人请求特定义务人____一定行为的权利。

三、多项选择题

1. ABCD，解析：根据《民法典》第 110 条规定，自然人享有生命权、身体权、健康权、姓名权、肖像权、名誉权、荣誉权、隐私权、婚姻自主权等权利。法人、非法人组织享有名称权、名誉权和荣誉权。
2. ABCD，解析：根据《民法典》第 111 条规定，自然人的个人信息受法律保护。任何组织或者个人需要获取他人个人信息的，应当依法取得并确保信息安全，不得非法收集、使用、加工、传输他人个人信息，不得非法买卖、提供或者公开他人个人信息。
3. BCD，解析：根据《民法典》第 114 条第 2 款规定，物权是权利人依法对特定的物享有直接支配和排他的权利，包括所有权、用益物权和担保物权。
4. ABCD，解析：根据《民法典》第 118 条第 2 款规定，债权是因合同、侵权行为、无因管理、不当得利以及法律的其他规定，权利人请求特定义务人为或者不为一定行为的权利。
5. ABC，解析：根据《民法典》第 129 条规定，民事权利可以依据民事法律行为、事实行为、法律规定的事件或者法律规定的其他方式取得。

四、填空题

1. 支配和排他；所有权；用益物权；担保物权。（《民法典》第 114 条第 2 款）
2. 不动产；动产。（《民法典》第 115 条）
3. 合同；无因管理；为或者不为。（《民法典》第 118 条第 2 款）

第四讲 民事法律行为

一、判断题

1. 民事法律行为是民事主体通过法律规定设立、变更、终止民事法律关系的行为。(　　)
2. 无相对人的意思表示，表示完成时生效。(　　)
3. 撤回意思表示的通知可以在意思表示到达相对人后到达相对人。(　　)
4. 行为人与相对人以虚假的意思表示实施的民事法律行为无效。(　　)
5. 基于虚假的意思实施的民事法律行为，行为人有权请求人民法院或者仲裁机构予以撤销。(　　)
6. 被撤销的民事法律行为自被撤销后没有法律约束力。(　　)

二、单项选择题

1. 下列关于民事法律行为的说法错误的是：(　　)

   A. 民事法律行为是民事主体通过意思表示设立、变更、终止民事法律关系的行为

   B. 民事法律行为可以基于双方或者多方的意思表示一致成立

   C. 民事法律行为不可以基于单方的意思表示成立

   D. 法人依照章程规定的议事方式和表决程序作出决议的，该决议行为成立

2. 以(　　)方式作出的意思表示，相对人知道其内容时生效。

   A. 书面　　B. 口头

   C. 对话　　D. 公证

参考答案

一、判断题

1. ×，解析：根据《民法典》第 133 条规定，民事法律行为是民事主体通过意思表示设立、变更、终止民事法律关系的行为。
2. √，解析：根据《民法典》第 138 条规定。
3. ×，解析：根据《民法典》第 141 条规定，行为人可以撤回意思表示。撤回意思表示的通知应当在意思表示到达相对人前或者与意思表示同时到达相对人。
4. √，解析：根据《民法典》第 146 条第 1 款规定。
5. ×，解析：根据《民法典》第 146 条第 1 款规定，行为人与相对人以虚假的意思表示实施的民事法律行为无效。根据《民法典》第 147 条规定，基于重大误解实施的民事法律行为，行为人有权请求人民法院或者仲裁机构予以撤销。
6. ×，解析：根据《民法典》第 155 条规定，无效的或者被撤销的民事法律行为自始没有法律约束力。

二、单项选择题

1. C，解析：根据《民法典》第 133 条规定，民事法律行为是民事主体通过意思表示设立、变更、终止民事法律关系的行为。根据《民法典》第 134 条规定，民事法律行为可以基于双方或者多方的意思表示一致成立，也可以基于单方的意思表示成立。法人、非法人组织依照法律或者章程规定的议事方式和表决程序作出决议的，该决议行为成立。
2. C，解析：根据《民法典》第 137 条第 1 款规定，以对话方式作出的意思表示，相对人知道其内容时生效。

3. 一方或者第三人以( )手段，使对方在违背真实意思的情况下实施的民事法律行为，( )有权请求人民法院或者仲裁机构予以撤销。

A. 引诱；受引诱方　　B. 胁迫；受胁迫方

C. 欺诈；受欺诈方　　D. 强制；受强制方

4. 当事人自民事法律行为发生之日起( )没有行使撤销权的，撤销权消灭。

A. 5 年内　　B. 1 年内

C. 6 个月内　　D. 3 年内

5. 违背公序良俗的民事法律行为( )。

A. 有效　　B. 无效

C. 可撤销　　D. 效力待定

三、多项选择题

1. 民事法律行为可以采用的形式有：( )

A. 书面　　B. 口头

C. 公证　　D. 登记

2. 行为人( )，不得擅自变更或者解除民事法律行为。

A. 非依人民法院判决　　B. 非依仲裁机构裁决

C. 非依法律规定　　D. 未经对方同意

3. 沉默只有在( )时，才可以视为意思表示。

A. 符合当地交易习惯　　B. 符合当事人之间的交易习惯

B. 有当事人约定　　D. 有法律规定

4. 民事法律行为有效的条件有：( )

A. 行为人具有相应的民事行为能力

B. 意思表示真实

C. 不违反法律、行政法规的强制性规定

D. 不违背公序良俗

3. B，解析：根据《民法典》第150条规定，一方或者第三人以胁迫手段，使对方在违背真实意思的情况下实施的民事法律行为，受胁迫方有权请求人民法院或者仲裁机构予以撤销。

4. A，解析：根据《民法典》第152条第2款规定，当事人自民事法律行为发生之日起5年内没有行使撤销权的，撤销权消灭。

5. B，解析：根据《民法典》第153条规定，违反法律、行政法规的强制性规定的民事法律行为无效。但是，该强制性规定不导致该民事法律行为无效的除外。违背公序良俗的民事法律行为无效。

三、多项选择题

1. ABCD，解析：根据《民法典》第135条规定，民事法律行为可以采用书面形式、口头形式或者其他形式；法律、行政法规规定或者当事人约定采用特定形式的，应当采用特定形式。

2. CD，解析：根据《民法典》第136条规定，民事法律行为自成立时生效，但是法律另有规定或者当事人另有约定的除外。行为人非依法律规定或者未经对方同意，不得擅自变更或者解除民事法律行为。

3. BCD，解析：根据《民法典》第140条规定，行为人可以明示或者默示作出意思表示。沉默只有在有法律规定、当事人约定或者符合当事人之间的交易习惯时，才可以视为意思表示。

4. ABCD，解析：根据《民法典》第143条规定，具备下列条件的民事法律行为有效：（1）行为人具有相应的民事行为能力；（2）意思表示真实；（3）不违反法律、行政法规的强制性规定，不违背公序良俗。

5. 下列关于附条件和附期限的民事法律行为的说法正确的是：（　　）
   A. 附生效条件的民事法律行为，自条件成就时生效
   B. 附解除条件的民事法律行为，自条件成就时失效
   C. 附生效期限的民事法律行为，自期限届至时生效
   D. 附终止期限的民事法律行为，自期限届满时失效

四、填空题

1. 民事法律行为可以基于____的意思表示一致成立，也可以基于____的意思表示成立。法人、非法人组织依照法律或者章程规定的____作出决议的，该决议行为成立。
2. 行为人可以____或者____作出意思表示。沉默只有在有法律规定、____或者符合当事人之间的____时，才可以视为意思表示。
3. 具备下列条件的民事法律行为有效：（1）行为人具有相应的____；（2）意思表示真实；（3）不违反法律、行政法规的强制性规定，不违背____。
4. 一方利用对方处于____、____等情形，致使民事法律行为成立时____的，受损害方有权请求人民法院或者仲裁机构予以撤销。
5. 当事人自知道或者应当知道撤销事由之日起____内、____的当事人自知道或者应当知道撤销事由之日起____内没有行使撤销权，撤销权消灭。

五、简答题

简述撤销权消灭的情形。

5. ABCD，解析：根据《民法典》第158条规定，民事法律行为可以附条件，但是根据其性质不得附条件的除外。附生效条件的民事法律行为，自条件成就时生效。附解除条件的民事法律行为，自条件成就时失效。根据《民法典》第160条规定，民事法律行为可以附期限，但是根据其性质不得附期限的除外。附生效期限的民事法律行为，自期限届至时生效。附终止期限的民事法律行为，自期限届满时失效。

四、填空题

1. 双方或者多方；单方；议事方式和表决程序。（《民法典》第134条）
2. 明示；默示；当事人约定；交易习惯。（《民法典》第140条）
3. 民事行为能力；公序良俗。（《民法典》第143条）
4. 危困状态；缺乏判断能力；显失公平。（《民法典》第151条）
5. 1年；重大误解；90日。（《民法典》第152条第1款第1项）

五、简答题

答：根据《民法典》152条规定，有下列情形之一的，撤销权消灭：（1）当事人自知道或者应当知道撤销事由之日起1年内、重大误解的当事人自知道或者应当知道撤销事由之日起90日内没有行使撤销权；（2）当事人受胁迫，自胁迫行为终止之日起1年内没有行使撤销权；（3）当事人知道撤销事由后明确表示或者以自己的行为表明放弃撤销权。当事人自民事法律行为发生之日起5年内没有行使撤销权的，撤销权消灭。

第五讲　代　理

一、判断题

1. 代理人在代理权限外，以被代理人名义实施的民事法律行为，对被代理人发生效力。（　　）
2. 委托代理人按照法律的规定行使代理权。（　　）
3. 数人为同一代理事项的代理人的，应当分别行使代理权。（　　）
4. 代理人不得以被代理人的名义与自己实施民事法律行为，但是被代理人同意或者追认的除外。（　　）
5. 法人或者非法人组织对执行其工作任务的人员职权范围的限制，不得对抗相对人。（　　）
6. 行为人没有代理权、超越代理权或者代理权终止后，仍然实施代理行为，相对人有理由相信行为人有代理权的，代理行为无效。（　　）
7. 被代理人死亡后，被代理人的继承人予以承认的，委托代理人实施的代理行为有效。（　　）
8. 代理人丧失民事行为能力，法定代理终止。（　　）

二、单项选择题

1. 代理人在代理权限内，以（　　）名义实施的民事法律行为，对被代理人发生效力。

A. 被代理人　　　　B. 自己

C. 代理人　　　　D. 第三人

参考答案

一、判断题

1. ×，解析：根据《民法典》第 162 条规定，代理人在代理权限内，以被代理人名义实施的民事法律行为，对被代理人发生效力。
2. ×，解析：根据《民法典》第 163 条规定，代理包括委托代理和法定代理。委托代理人按照被代理人的委托行使代理权。法定代理人依照法律的规定行使代理权。
3. ×，解析：根据《民法典》第 166 条规定，数人为同一代理事项的代理人的，应当共同行使代理权，但当事人另有约定的除外。
4. √，解析：根据《民法典》第 168 条第 1 款规定。
5. ×，解析：根据《民法典》第 170 条第 2 款规定，法人或者非法人组织对执行其工作任务的人员职权范围的限制，不得对抗善意相对人。
6. ×，解析：根据《民法典》第 172 条规定，行为人没有代理权、超越代理权或者代理权终止后，仍然实施代理行为，相对人有理由相信行为人有代理权的，代理行为有效。
7. √，解析：根据《民法典》第 174 条规定。
8. √，解析：根据《民法典》第 175 条规定。

二、单项选择题

1. A，解析：根据《民法典》第 162 条规定，代理人在代理权限内，以被代理人名义实施的民事法律行为，对被代理人发生效力。

2. 代理人和相对人恶意串通，损害被代理人合法权益的，代理人和相对人应当承担(　　)责任。

A. 违约　　B. 侵权

C. 赔偿　　D. 连带

3. 下列关于授权委托书的说法正确的是：(　　)

A. 授权委托书应当载明被代理人的姓名或者名称、代理事项、权限和期限，并由被代理人签名和盖章

B. 授权委托书应当载明代理人的姓名或者名称、代理事项、权限和期限，并由代理人签名和盖章

C. 授权委托书应当载明被代理人的姓名或者名称、代理事项、权限和期限，并由代理人签名或者盖章

D. 授权委托书应当载明代理人的姓名或者名称、代理事项、权限和期限，并由被代理人签名或者盖章

4. 代理人不得以被代理人的名义与自己同时代理的其他人实施民事法律行为，但是(　　)同意或者追认的除外。

A. 被代理人　　B. 代理人

C. 被代理的双方　　D. 同时代理的其他人

5. 行为人没有代理权、超越代理权或者代理权终止后，仍然实施代理行为，相对人有理由相信行为人有代理权的，代理行为(　　)。

A. 无效　　B. 效力待定

C. 有效　　D. 经追认后有效

6. 被代理人死亡后，(　　)的，委托代理人实施的代理行为有效。

A. 代理人知道被代理人死亡

B. 被代理人的继承人不予承认

C. 授权中明确代理权在代理事务完成时终止

D. 被代理人死亡后实施，为了被代理人的继承人的利益继续代理

2. D，解析：根据《民法典》第 164 条第 2 款规定，代理人和相对人恶意串通，损害被代理人合法权益的，代理人和相对人应当承担连带责任。
3. D，解析：根据《民法典》第 165 条规定，委托代理授权采用书面形式的，授权委托书应当载明代理人的姓名或者名称、代理事项、权限和期限，并由被代理人签名或者盖章。
4. C，解析：根据《民法典》第 168 条第 2 款规定，代理人不得以被代理人的名义与自己同时代理的其他人实施民事法律行为，但是被代理的双方同意或者追认的除外。
5. C，解析：根据《民法典》第 172 条规定，行为人没有代理权、超越代理权或者代理权终止后，仍然实施代理行为，相对人有理由相信行为人有代理权的，代理行为有效。
6. C，解析：根据《民法典》第 174 条规定，被代理人死亡后，有下列情形之一的，委托代理人实施的代理行为有效：（1）代理人不知道且不应当知道被代理人死亡；（2）被代理人的继承人予以承认；（3）授权中明确代理权在代理事务完成时终止；（4）被代理人死亡前已经实施，为了被代理人的继承人的利益继续代理。作为被代理人的法人、非法人组织终止的，参照适用前述规定。

7. 法定代理终止的情形不包括：（　　）

A. 被代理人恢复完全民事行为能力

B. 代理人丧失民事行为能力

C. 被代理人取得限制民事行为能力

D. 代理人死亡

三、多项选择题

1. 依照（　　），应当由本人亲自实施的民事法律行为，不得代理。

A. 国际公约　　B. 当事人约定

C. 法律规定　　D. 民事法律行为的性质

2. 下列关于代理人的说法正确的是：（　　）

A. 委托代理人按照被代理人的委托行使代理权

B. 法定代理人依照法律的规定行使代理权

C. 代理人不履行职责，造成被代理人损害的，应当承担民事责任

D. 代理人和相对人恶意串通，损害被代理人合法权益的，代理人和相对人应当承担连带责任

3. 下列行为被代理人和代理人应当承担连带责任的是：（　　）

A. 代理人知道或者应当知道代理事项违法没有实施代理行为的

B. 代理人知道或者应当知道代理事项违法仍然实施代理行为的

C. 被代理人知道或者应当知道代理人的代理行为违法且表示反对的

D. 被代理人知道或者应当知道代理人的代理行为违法未作反对表示的

4. 行为人（　　），仍然实施代理行为，相对人有理由相信行为人有代理权的，代理行为有效。

A. 代理权中止　　B. 没有代理权

C. 超越代理权　　D. 代理权终止后

7. C，解析：根据《民法典》第175条规定，有下列情形之一的，法定代理终止：（1）被代理人取得或者恢复完全民事行为能力；（2）代理人丧失民事行为能力；（3）代理人或者被代理人死亡；（4）法律规定的其他情形。

三、多项选择题

1. BCD，解析：根据《民法典》第161条第2款规定，依照法律规定、当事人约定或者民事法律行为的性质，应当由本人亲自实施的民事法律行为，不得代理。
2. ABCD，解析：根据《民法典》第163条规定，代理包括委托代理和法定代理。委托代理人按照被代理人的委托行使代理权。法定代理人依照法律的规定行使代理权。根据《民法典》第164条规定，代理人不履行或者不完全履行职责，造成被代理人损害的，应当承担民事责任。代理人和相对人恶意串通，损害被代理人合法权益的，代理人和相对人应当承担连带责任。
3. BD，解析：根据《民法典》第167条规定，代理人知道或者应当知道代理事项违法仍然实施代理行为，或者被代理人知道或者应当知道代理人的代理行为违法未作反对表示的，被代理人和代理人应当承担连带责任。
4. BCD，解析：根据《民法典》第172条规定，行为人没有代理权、超越代理权或者代理权终止后，仍然实施代理行为，相对人有理由相信行为人有代理权的，代理行为有效。

四、填空题

1. 依照法律规定、____或者民事法律行为的性质，应当由____的民事法律行为，____代理。
2. 委托代理人按照____行使代理权。法定代理人依照____行使代理权。
3. 代理人____或者____职责，造成被代理人损害的，应当承担民事责任。
4. 委托代理授权采用____形式的，授权委托书应当载明代理人的姓名或者名称、____、权限和期限，并由被代理人____。
5. 代理人不得以被代理人的名义与____实施民事法律行为，但是被代理人____的除外。
6. 代理人需要转委托第三人代理的，应当取得被代理人的____。
7. 转委托代理经被代理人同意或者追认的，被代理人可以就代理事务直接指示转委托的第三人，代理人仅就____以及____承担责任。
8. 法人或者非法人组织对执行其工作任务的人员职权范围的限制，不得对抗____。
9. 行为人没有代理权、____或者代理权终止后，仍然实施代理行为，未经被代理人追认的，对被代理人____效力。
10. 行为人实施的行为未被追认的，善意相对人有权请求行为人____或者就其受到的损害请求行为人____。但是，赔偿的范围____被代理人追认时相对人所能获得的利益。

五、简答题

简述委托代理终止的情形。

四、填空题

1. 当事人约定；本人亲自实施；不得。（《民法典》第 161 条第 2 款）
2. 被代理人的委托；法律的规定。（《民法典》第 163 条第 2 款）
3. 不履行；不完全履行。（《民法典》第 164 条第 1 款）
4. 书面；代理事项；签名或者盖章。（《民法典》第 165 条）
5. 自己；同意或者追认。（《民法典》第 168 条第 1 款）
6. 同意或者追认。（《民法典》第 169 条第 1 款）
7. 第三人的选任；对第三人的指示。（《民法典》第 169 条第 2 款）
8. 善意相对人。（《民法典》第 170 条第 2 款）
9. 超越代理权；不发生。（《民法典》第 171 条第 1 款）
10. 履行债务；赔偿；不得超过。（《民法典》第 171 条第 3 款）

五、简答题

答：根据《民法典》第 173 条规定，有下列情形之一的，委托代理终止：（1）代理期间届满或者代理事务完成；（2）被代理人取消委托或者代理人辞去委托；（3）代理人丧失民事行为能力；（4）代理人或者被代理人死亡；（5）作为代理人或者被代理人的法人、非法人组织终止。

第六讲　民事责任

一、判断题

1. 二人以上依法承担按份责任，能够确定责任大小的，各自承担相应的责任；难以确定责任大小的，平均承担责任。(　　)
2. 危险由自然原因引起的，紧急避险人不承担民事责任，可以给予适当补偿。(　　)
3. 因自愿实施紧急救助行为造成受助人损害的，救助人不承担民事责任。(　　)
4. 侵害英雄烈士等的姓名、肖像、名誉、荣誉，损害社会公共利益的，应当承担民事责任。(　　)
5. 因当事人一方的违约行为，损害对方人身权益、财产权益的，受损害方有权选择请求其承担违约责任和侵权责任。(　　)
6. 民事主体因同一行为应当承担民事责任、行政责任和刑事责任的，承担行政责任或者刑事责任不影响承担民事责任。(　　)

二、单项选择题

1. 下列不属于承担民事责任的方式的是：(　　)

A. 停止侵害　　B. 排除妨碍

C. 消除危险　　D. 支付补偿金

2. 不可抗力是(　　)的客观情况。

A. 不能预见且不能克服　　B. 不能避免且不能克服

C. 不能预见且不能避免　　D. 不能预见、不能避免且不能克服

参考答案

一、判断题

1. √，解析：根据《民法典》第 177 条规定。
2. √，解析：根据《民法典》第 182 条第 2 款规定。
3. √，解析：根据《民法典》第 184 条规定。
4. √，解析：根据《民法典》第 185 条规定。
5. ×，解析：根据《民法典》第 186 条规定，因当事人一方的违约行为，损害对方人身权益、财产权益的，受损害方有权选择请求其承担违约责任或者侵权责任。
6. √，解析：根据《民法典》第 187 条规定。

二、单项选择题

1. D，解析：根据《民法典》第 179 条第 1 款规定，承担民事责任的方式主要有：（1）停止侵害；（2）排除妨碍；（3）消除危险；（4）返还财产；（5）恢复原状；（6）修理、重作、更换；（7）继续履行；（8）赔偿损失；（9）支付违约金；（10）消除影响、恢复名誉；（11）赔礼道歉。
2. D，解析：根据《民法典》第 180 条规定，因不可抗力不能履行民事义务的，不承担民事责任。法律另有规定的，依照其规定。不可抗力是不能预见、不能避免且不能克服的客观情况。

3. 因当事人一方的违约行为，损害对方人身权益、财产权益的，受损害方有权选择请求其承担(　　)。

A. 违约责任　　B. 违约责任和侵权责任

C. 侵权责任　　D. 违约责任或者侵权责任

4. 民事主体因同一行为应当承担民事责任、行政责任和刑事责任的，承担行政责任或者刑事责任不影响承担民事责任；民事主体的财产不足以支付的，(　　)。

A. 优先用于承担民事责任

B. 优先用于承担行政责任

C. 优先用于承担刑事责任

D. 按比例分别用于承担民事责任、行政责任和刑事责任

三、多项选择题

1. 下列关于责任承担的说法正确的是：(　　)

A. 二人以上依法承担按份责任，能够确定责任大小的，各自承担相应的责任

B. 二人以上依法承担按份责任，难以确定责任大小的，平均承担责任

C. 二人以上依法承担连带责任的，权利人有权请求部分连带责任人承担责任

D. 二人以上依法承担连带责任的，连带责任人的责任份额根据各自责任大小确定

2. 下列属于承担民事责任的方式的是：(　　)

A. 返还财产　　B. 恢复原状

C. 继续履行　　D. 修理、重作、更换

3. 不承担民事责任的情形有：(　　)

A. 因正当防卫造成损害的　　B. 因不可抗力不能履行民事义务的

C. 因紧急避险造成损害的　　D. 因不可抗力造成损害的

3. D，解析：根据《民法典》第 186 条规定，因当事人一方的违约行为，损害对方人身权益、财产权益的，受损害方有权选择请求其承担违约责任或者侵权责任。
4. A，解析：根据《民法典》第 187 条规定，民事主体因同一行为应当承担民事责任、行政责任和刑事责任的，承担行政责任或者刑事责任不影响承担民事责任；民事主体的财产不足以支付的，优先用于承担民事责任。

三、多项选择题

1. ABCD，解析：根据《民法典》第 177 条规定，二人以上依法承担按份责任，能够确定责任大小的，各自承担相应的责任；难以确定责任大小的，平均承担责任。根据《民法典》第 178 条规定，二人以上依法承担连带责任的，权利人有权请求部分或者全部连带责任人承担责任。连带责任人的责任份额根据各自责任大小确定；难以确定责任大小的，平均承担责任。实际承担责任超过自己责任份额的连带责任人，有权向其他连带责任人追偿。连带责任，由法律规定或者当事人约定。
2. ABCD，解析：根据《民法典》第 179 条第 1 款规定，承担民事责任的方式主要有：（1）停止侵害；（2）排除妨碍；（3）消除危险；（4）返还财产；（5）恢复原状；（6）修理、重作、更换；（7）继续履行；（8）赔偿损失；（9）支付违约金；（10）消除影响、恢复名誉；（11）赔礼道歉。
3. AB，解析：根据《民法典》第 180 条规定，因不可抗力不能履行民事义务的，不承担民事责任。法律另有规定的，依照其规定。不可抗力是不能预见、不能避免且不能克服的客观情况。根据《民法典》第 181 条规定，因正当防卫造成损害的，不承担民事责任。正当防卫超过必要的限度，造成不应有的损害的，正当防卫人应当承担适当的民事责任。根据《民法典》第 182 条第 1 款规定，因紧急避险造成损害的，由引起险情发生的人承担民事责任。

4. 因保护他人民事权益使自己受到损害的，由侵权人承担民事责任，受益人可以给予适当补偿。(　　)，受害人请求补偿的，受益人应当给予适当补偿。

A. 没有侵权人　　B. 侵权人不愿承担民事责任

C. 侵权人逃逸　　D. 侵权人无力承担民事责任

5. 侵害英雄烈士等的(　　)，损害社会公共利益的，应当承担民事责任。

A. 姓名　　B. 肖像

C. 名誉　　D. 荣誉

四、填空题

1. 民事主体依照____或者按照____，履行民事义务，承担民事责任。
2. 因不可抗力不能履行民事义务的，____民事责任。法律另有规定的，依照其规定。不可抗力是不能预见、____且____的客观情况。
3. 因紧急避险造成损害的，由____承担民事责任。
4. 危险由____原因引起的，紧急避险人不承担民事责任，可以给予适当____。
5. 因自愿实施____造成受助人损害的，救助人不承担民事责任。
6. 侵害____烈士等的姓名、肖像、名誉、荣誉，损害____的，应当承担民事责任。

五、简答题

简述承担民事责任的方式。

4. ACD，解析：根据《民法典》第183条规定，因保护他人民事权益使自己受到损害的，由侵权人承担民事责任，受益人可以给予适当补偿。没有侵权人、侵权人逃逸或者无力承担民事责任，受害人请求补偿的，受益人应当给予适当补偿。
5. ABCD，解析：根据《民法典》第185条规定，侵害英雄烈士等的姓名、肖像、名誉、荣誉，损害社会公共利益的，应当承担民事责任。

四、填空题

1. 法律规定；当事人约定。（《民法典》第176条）
2. 不承担；不能避免；不能克服。（《民法典》第180条）
3. 引起险情发生的人。（第182条第1款）
4. 自然；补偿。（第182条第2款）
5. 紧急救助行为。（《民法典》第184条）
6. 英雄；社会公共利益。（《民法典》第185条）

五、简答题

答：根据《民法典》第179条第1款规定，承担民事责任的方式主要有：（1）停止侵害；（2）排除妨碍；（3）消除危险；（4）返还财产；（5）恢复原状；（6）修理、重作、更换；（7）继续履行；（8）赔偿损失；（9）支付违约金；（10）消除影响、恢复名誉；（11）赔礼道歉。

第七讲 诉讼时效

一、判断题

1. 当事人约定同一债务分期履行的，诉讼时效期间自第一期履行期限届满之日起计算。(　　)
2. 无民事行为能力人或者限制民事行为能力人对其法定代理人的请求权的诉讼时效期间，自该法定代理终止之日起计算。(　　)
3. 未成年人遭受性侵害的损害赔偿请求权的诉讼时效期间，自受害人年满 18 周岁之日起计算。(　　)
4. 人民法院不得主动适用诉讼时效的规定。(　　)
5. 登记的动产物权的权利人请求返还财产，适用诉讼时效的规定。(　　)
6. 诉讼时效的期间、计算方法以及中止、中断的事由由法律规定或者当事人约定。(　　)

二、单项选择题

1. 向人民法院请求保护民事权利的诉讼时效期间为(　　)。法律另有规定的，依照其规定。

A. 6 个月　　B. 1 年

C. 2 年　　D. 3 年

2. 自权利受到损害之日起超过(　　)的，人民法院不予保护，有特殊情况的，人民法院可以根据权利人的申请决定延长。

A. 5 年　　B. 10 年

C. 20 年　　D. 30 年

参考答案

一、判断题

1. ×，解析：根据《民法典》第 189 条规定，当事人约定同一债务分期履行的，诉讼时效期间自最后一期履行期限届满之日起计算。
2. √，解析：根据《民法典》第 190 条规定。
3. √，解析：根据《民法典》第 191 条规定。
4. √，解析：根据《民法典》第 193 条规定。
5. ×，解析：根据《民法典》第 196 条规定，下列请求权不适用诉讼时效的规定：（1）请求停止侵害、排除妨碍、消除危险；（2）不动产物权和登记的动产物权的权利人请求返还财产；（3）请求支付抚养费、赡养费或者扶养费；（4）依法不适用诉讼时效的其他请求权。
6. ×，解析：根据《民法典》第 197 条第 1 款规定，诉讼时效的期间、计算方法以及中止、中断的事由由法律规定，当事人约定无效。

二、单项选择题

1. D，解析：根据《民法典》第 188 条第 1 款规定，向人民法院请求保护民事权利的诉讼时效期间为 3 年。法律另有规定的，依照其规定。
2. C，解析：根据《民法典》第 188 条第 2 款规定，诉讼时效期间自权利人知道或者应当知道权利受到损害以及义务人之日起计算。法律另有规定的，依照其规定。但是，自权利受到损害之日起超过 20 年的，人民法院不予保护，有特殊情况的，人民法院可以根据权利人的申请决定延长。

3. 未成年人遭受性侵害的损害赔偿请求权的诉讼时效期间，自（ ）之日起计算。

A. 未成年人知道或者应当知道权利受到损害以及义务人

B. 受害人年满18周岁

C. 该法定代理中止

D. 该法定代理终止

4. 在诉讼时效期间的最后（ ）内，因不可抗力，不能行使请求权的，诉讼时效中止。

A. 15日

B. 1个月

C. 3个月

D. 6个月

5. 当事人对诉讼时效利益的预先放弃（ ）。

A. 有效

B. 效力待定

C. 无效

D. 经确认后有效

三、多项选择题

1. 下列关于诉讼时效期间的说法正确的是：（ ）

A. 向人民法院请求保护民事权利的诉讼时效期间为3年

B. 当事人约定同一债务分期履行的，诉讼时效期间自第一期履行期限届满之日起计算

C. 自权利受到损害之日起超过20年的，人民法院不予保护

D. 无民事行为能力人或者限制民事行为能力人对其法定代理人的请求权的诉讼时效期间，自该法定代理终止之日起计算

2. 有（ ）的，诉讼时效中断，从中断、有关程序终结时起，诉讼时效期间重新计算。

A. 权利人向义务人提出履行请求

B. 义务人同意履行义务

C. 权利人提起诉讼

D. 权利人申请仲裁

3. B，解析：根据《民法典》第 191 条规定，未成年人遭受性侵害的损害赔偿请求权的诉讼时效期间，自受害人年满 18 周岁之日起计算。
4. D，解析：根据《民法典》第 194 条规定，在诉讼时效期间的最后 6 个月内，因下列障碍，不能行使请求权的，诉讼时效中止：（1）不可抗力；（2）无民事行为能力人或者限制民事行为能力人没有法定代理人，或者法定代理人死亡、丧失民事行为能力、丧失代理权；（3）继承开始后未确定继承人或者遗产管理人；（4）权利人被义务人或者其他人控制；（5）其他导致权利人不能行使请求权的障碍。自中止时效的原因消除之日起满 6 个月，诉讼时效期间届满。
5. C，解析：根据《民法典》第 197 条第 2 款规定，当事人对诉讼时效利益的预先放弃无效。

三、多项选择题

1. ACD，解析：根据《民法典》第 188 条规定，向人民法院请求保护民事权利的诉讼时效期间为 3 年。法律另有规定的，依照其规定。诉讼时效期间自权利人知道或者应当知道权利受到损害以及义务人之日起计算。法律另有规定的，依照其规定。但是，自权利受到损害之日起超过 20 年的，人民法院不予保护，有特殊情况的，人民法院可以根据权利人的申请决定延长。根据《民法典》第 189 条规定，当事人约定同一债务分期履行的，诉讼时效期间自最后一期履行期限届满之日起计算。根据《民法典》第 190 条规定，无民事行为能力人或者限制民事行为能力人对其法定代理人的请求权的诉讼时效期间，自该法定代理终止之日起计算。
2. ABCD，解析：根据《民法典》第 195 条规定，有下列情形之一的，诉讼时效中断，从中断、有关程序终结时起，诉讼时效期间重新计算：（1）权利人向义务人提出履行请求；（2）义务人同意履行义务；（3）权利人提起诉讼或者申请仲裁；（4）与提起诉讼或者申请仲裁具有同等效力的其他情形。

3. 下列不适用诉讼时效的是：（　　）

A. 请求停止侵害　　B. 请求排除妨碍

C. 请求消除危险　　D. 请求支付抚养费

4. 诉讼时效的（　　）由法律规定，当事人约定无效。

A. 期间　　B. 计算方法

C. 中止的事由　　D. 中断的事由

四、填空题

1. 向人民法院请求保护民事权利的诉讼时效期间为____。法律另有规定的，依照其规定。
2. 诉讼时效期间自权利人知道或者应当知道____以及____之日起计算。法律另有规定的，依照其规定。但是，自权利受到损害之日起超过____的，人民法院不予保护，有特殊情况的，人民法院可以根据权利人的申请____延长。
3. 未成年人遭受性侵害的损害赔偿请求权的诉讼时效期间，自____之日起计算。
4. 诉讼时效期间届满后，义务人同意履行的，不得以____为由抗辩；义务人已经自愿履行的，不得请求____。
5. 法律对仲裁时效有规定的，依照其规定；没有规定的，适用____的规定。

五、简答题

简述导致诉讼时效中止的情形。

3. ABCD，解析：根据《民法典》第196条规定，下列请求权不适用诉讼时效的规定：（1）请求停止侵害、排除妨碍、消除危险；（2）不动产物权和登记的动产物权的权利人请求返还财产；（3）请求支付抚养费、赡养费或者扶养费；（4）依法不适用诉讼时效的其他请求权。
4. ABCD，解析：根据《民法典》第197条第1款规定，诉讼时效的期间、计算方法以及中止、中断的事由由法律规定，当事人约定无效。

四、填空题

1. 3年。（《民法典》第188条第1款）
2. 权利受到损害；义务人；20年；决定。（《民法典》第188条第2款）
3. 受害人年满18周岁。（《民法典》第191条）
4. 诉讼时效期间届满；返还。（《民法典》第192条第2款）
5. 诉讼时效。（《民法典》第198条）

五、简答题

答：根据《民法典》第194条规定，在诉讼时效期间的最后6个月内，因下列障碍，不能行使请求权的，诉讼时效中止：（1）不可抗力；（2）无民事行为能力人或者限制民事行为能力人没有法定代理人，或者法定代理人死亡、丧失民事行为能力、丧失代理权；（3）继承开始后未确定继承人或者遗产管理人；（4）权利人被义务人或者其他人控制；（5）其他导致权利人不能行使请求权的障碍。自中止时效的原因消除之日起满6个月，诉讼时效期间届满。

专题二

必须知道的物权规则

第一讲 物权的设立与变动

一、判断题

1. 不动产物权的设立、变更、转让和消灭，无论是否登记，均发生效力，但是法律另有规定的除外。（ ）
2. 当事人申请登记，应当根据不同登记事项提供权属证明和不动产界址、面积等必要材料。（ ）
3. 登记机构可以要求对不动产进行评估。（ ）
4. 当事人之间订立有关设立、变更、转让和消灭不动产物权的合同，除法律另有规定或者当事人另有约定外，自合同成立时生效；未办理物权登记的，影响合同效力。（ ）
5. 权利人、利害关系人可以申请查询、复制不动产登记资料，登记机构应当提供。（ ）
6. 不动产登记费按件收取，也可以按照不动产的面积、体积或者价款的比例收取。（ ）
7. 船舶、航空器和机动车等的物权的设立、变更、转让和消灭，未经登记，可以对抗善意第三人。（ ）
8. 动产物权设立和转让前，权利人已经占有该动产的，物权自权利人占有该动产时发生效力。（ ）
9. 因继承取得物权的，自继承开始时发生效力。（ ）

参考答案

一、判断题

1. ×，解析：根据《民法典》第 209 条规定，不动产物权的设立、变更、转让和消灭，经依法登记，发生效力；未经登记，不发生效力，但是法律另有规定的除外。依法属于国家所有的自然资源，所有权可以不登记。
2. √，解析：根据《民法典》第 211 条规定。
3. ×，解析：根据《民法典》第 213 条规定，登记机构不得有下列行为：（1）要求对不动产进行评估；（2）以年检等名义进行重复登记；（3）超出登记职责范围的其他行为。
4. ×，解析：根据《民法典》第 215 条规定，当事人之间订立有关设立、变更、转让和消灭不动产物权的合同，除法律另有规定或者当事人另有约定外，自合同成立时生效；未办理物权登记的，不影响合同效力。
5. √，解析：根据《民法典》第 218 条规定。
6. ×，解析：根据《民法典》第 223 条规定，不动产登记费按件收取，不得按照不动产的面积、体积或者价款的比例收取。
7. ×，解析：根据《民法典》第 225 条规定，船舶、航空器和机动车等的物权的设立、变更、转让和消灭，未经登记，不得对抗善意第三人。
8. ×，解析：根据《民法典》第 226 条规定，动产物权设立和转让前，权利人已经占有该动产的，物权自民事法律行为生效时发生效力。
9. √，解析：根据《民法典》第 230 条规定。

10. 处分不动产物权，未经登记亦可发生物权效力。(　　)

二、单项选择题

1. 关于不动产物权的登记申请材料，以下说法错误的是：(　　)
   A. 当事人申请登记，应当根据不同登记事项提供权属证明等必要材料
   B. 当事人申请登记，应当根据不同登记事项提供不动产界址等必要材料
   C. 当事人申请登记，应当根据不同登记事项提供不动产面积等必要材料
   D. 当事人申请登记，无须提供材料
2. 关于不动产物权的登记机构的职责，以下说法错误的是：(　　)
   A. 查验申请人提供的权属证明和其他必要材料
   B. 就有关登记事项询问申请人
   C. 如实、及时登记有关事项
   D. 申请登记的不动产的有关情况需要进一步证明的，登记机构应当要求申请人补充材料，必要时应当实地查看
3. 不动产物权的设立，依照法律规定应当登记的，自(　　)时发生效力。
   A. 不动产物权交付　　B. 取得不动产权属证书
   C. 记载于不动产登记簿　　D. 不动产物权合同签订
4. 关于不动产登记簿，以下说法正确的是：(　　)
   A. 不动产登记簿是物权归属和内容的根据
   B. 不动产登记簿由物权人管理
   C. 不动产登记簿由业主委员会管理
   D. 不动产登记簿由用益物权人管理
5. 关于不动产登记资料，以下说法错误的是：(　　)
   A. 权利人可以申请查询、复制不动产登记资料
   B. 利害关系人可以申请查询、复制不动产登记资料
   C. 任何人均可以申请查询、复制不动产登记资料
   D. 利害关系人不得公开、非法使用权利人的不动产登记资料

10. ×，解析：根据《民法典》第232条规定，处分依照本节规定享有的不动产物权，依照法律规定需要办理登记的，未经登记，不发生物权效力。

二、单项选择题

1. D，解析：根据《民法典》第211条规定，当事人申请登记，应当根据不同登记事项提供权属证明和不动产界址、面积等必要材料。
2. D，解析：根据《民法典》第212条规定，登记机构应当履行下列职责：（1）查验申请人提供的权属证明和其他必要材料；（2）就有关登记事项询问申请人；（3）如实、及时登记有关事项；（4）法律、行政法规规定的其他职责。申请登记的不动产的有关情况需要进一步证明的，登记机构可以要求申请人补充材料，必要时可以实地查看。
3. C，解析：根据《民法典》第214条规定，不动产物权的设立、变更、转让和消灭，依照法律规定应当登记的，自记载于不动产登记簿时发生效力。
4. A，解析：根据《民法典》第216条规定，不动产登记簿是物权归属和内容的根据。不动产登记簿由登记机构管理。
5. C，解析：根据《民法典》第218条规定，权利人、利害关系人可以申请查询、复制不动产登记资料，登记机构应当提供。根据《民法典》第219条规定，利害关系人不得公开、非法使用权利人的不动产登记资料。

6. 关于登记错误的责任承担，以下说法错误的是：(　　)

A. 当事人提供虚假材料申请登记，造成他人损害的，应当承担赔偿责任

B. 因登记错误，造成他人损害的，登记机构应当承担赔偿责任

C. 登记机构赔偿后，不得向造成登记错误的人追偿

D. 登记机构赔偿后，可以向造成登记错误的人追偿

7. 动产物权的设立和转让，自(　　)时发生效力，但是法律另有规定的除外。

A. 登记　　B. 合同成立

C. 合同生效　　D. 交付

8. 因合法建造、拆除房屋等事实行为设立或者消灭物权的，自(　　)时发生效力。

A. 物权登记　　B. 事实行为成就

C. 物权转让　　D. 不动产交付

三、多项选择题

1. 关于不动产物权的登记，以下说法正确的是：(　　)

A. 不动产物权的设立、变更、转让和消灭，经依法登记，发生效力

B. 不动产物权的设立、变更、转让和消灭，未经登记，不发生效力

C. 属于国家所有的自然资源，所有权可以不登记

D. 所有动产物权的设立和转让，未经登记，不发生效力

2. 我国对不动产实行统一登记制度。统一登记的(　　)，由法律、行政法规规定。

A. 范围　　B. 登记机构

C. 登记办法　　D. 以上说法均正确

6. C，解析：根据《民法典》第222条规定，当事人提供虚假材料申请登记，造成他人损害的，应当承担赔偿责任。因登记错误，造成他人损害的，登记机构应当承担赔偿责任。登记机构赔偿后，可以向造成登记错误的人追偿。
7. D，解析：根据《民法典》第224条规定，动产物权的设立和转让，自交付时发生效力，但是法律另有规定的除外。
8. B，解析：根据《民法典》第231条规定，因合法建造、拆除房屋等事实行为设立或者消灭物权的，自事实行为成就时发生效力。

三、多项选择题

1. ABC，解析：根据《民法典》第209条规定，不动产物权的设立、变更、转让和消灭，经依法登记，发生效力；未经登记，不发生效力，但是法律另有规定的除外。依法属于国家所有的自然资源，所有权可以不登记。
2. ABCD，解析：根据《民法典》第210条规定，不动产登记，由不动产所在地的登记机构办理。国家对不动产实行统一登记制度。统一登记的范围、登记机构和登记办法，由法律、行政法规规定。

3. 关于不动产物权的登记机构禁止从事的行为，以下说法正确的是：（　　）

A. 登记机构不得要求对不动产进行评估

B. 登记机构不得以年检等名义进行重复登记

C. 登记机构不得有超出登记职责范围的其他行为

D. 登记机构可以要求对不动产进行评估

4. 关于不动产登记簿与不动产权属证书的关系，以下说法正确的是：（　　）

A. 不动产权属证书是权利人享有该不动产物权的证明

B. 不动产登记簿是物权归属和内容的根据

C. 不动产权属证书记载的事项，应当与不动产登记簿一致

D. 记载不一致的，除有证据证明不动产登记簿确有错误外，以不动产登记簿为准

5. 关于预告登记，以下说法正确的是：（　　）

A. 当事人签订买卖房屋的协议或者签订其他不动产物权的协议，为保障将来实现物权，按照约定可以向登记机构申请预告登记

B. 预告登记后，未经预告登记的权利人同意，处分该不动产的，不发生物权效力

C. 预告登记后，债权消灭或者自能够进行不动产登记之日起90日内未申请登记的，预告登记失效

D. 预告登记后，债权消灭或者自能够进行不动产登记之日起180日内未申请登记的，预告登记失效

6. 关于不动产登记费用，以下说法正确的是：（　　）

A. 不动产登记费按件收取

B. 不动产登记费不得按照不动产的面积的比例收取

C. 不动产登记费不得按照不动产的体积的比例收取

D. 不动产登记费不得按照不动产的价款的比例收取

3. ABC，解析：根据《民法典》第213条规定，登记机构不得有下列行为：（1）要求对不动产进行评估；（2）以年检等名义进行重复登记；（3）超出登记职责范围的其他行为。
4. ABCD，解析：根据《民法典》第216条第1款规定，不动产登记簿是物权归属和内容的根据。根据《民法典》第217条规定，不动产权属证书是权利人享有该不动产物权的证明。不动产权属证书记载的事项，应当与不动产登记簿一致；记载不一致的，除有证据证明不动产登记簿确有错误外，以不动产登记簿为准。
5. ABC，解析：根据《民法典》第221条规定，当事人签订买卖房屋的协议或者签订其他不动产物权的协议，为保障将来实现物权，按照约定可以向登记机构申请预告登记。预告登记后，未经预告登记的权利人同意，处分该不动产的，不发生物权效力。预告登记后，债权消灭或者自能够进行不动产登记之日起90日内未申请登记的，预告登记失效。
6. ABCD，解析：根据《民法典》第223条规定，不动产登记费按件收取，不得按照不动产的面积、体积或者价款的比例收取。

四、填空题

1. ____的设立、变更、转让和消灭，经依法登记，发生效力；未经登记，不发生效力，但是法律另有规定的除外。依法属于____，所有权可以不登记。
2. 不动产物权的设立、变更、转让和消灭，依照法律规定应当登记的，自记载于____时发生效力。
3. 不动产登记簿是____的根据。不动产登记簿由____管理。
4. 权利人、利害关系人可以申请____不动产登记资料，登记机构____提供。
5. 不动产登记费____收取，不得按照不动产的____收取。
6. 动产物权的设立和转让，自____时发生效力，但是法律另有规定的除外。
7. 动产物权设立和转让前，权利人已经占有该动产的，物权自____时发生效力。
8. 因合法建造、拆除房屋等事实行为设立或者消灭物权的，自____时发生效力。

四、填空题

1. 不动产物权；国家所有的自然资源。(《民法典》第 209 条)
2. 不动产登记簿。(《民法典》第 214 条)
3. 物权归属和内容；登记机构。(《民法典》第 216 条)
4. 查询、复制；应当。(《民法典》第 218 条)
5. 按件；面积、体积或者价款的比例。(《民法典》第 223 条)
6. 交付。(《民法典》第 224 条)
7. 民事法律行为生效。(《民法典》第 226 条)
8. 事实行为成就。(《民法典》第 231 条)

第二讲　物权的保护

一、判断题

1. 物权受到侵害的，权利人可以通过和解、调解、仲裁、诉讼等途径解决。(　　)
2. 无权占有不动产或者动产的，权利人可以请求返还原物。(　　)
3. 造成不动产或者动产毁损的，权利人可以依法请求修理、重作、更换或者恢复原状。(　　)
4. 物权保护方式不得合并适用。(　　)

二、单项选择题

1. 关于物权确认请求权，以下说法错误的是：(　　)

   A. 因物权的归属发生争议的，利害关系人可以请求确认权利

   B. 因物权的内容发生争议的，利害关系人可以请求确认权利

   C. 利害关系人请求确认物权的归属属于物权确认请求权的内容

   D. 因物权的内容发生争议的，利害关系人不得请求确认权利

2. 妨害物权或者可能妨害物权的，权利人可以请求(　　)。

   A. 停止侵害　　B. 损害赔偿

   C. 返还原物　　D. 消除危险

3. 侵害物权，造成权利人损害的，权利人依法不得请求(　　)。

   A. 排除妨碍　　B. 损害赔偿

   C. 消除危险　　D. 惩罚性赔偿

参考答案

一、判断题

1. √，解析：根据《民法典》第 233 条规定。
2. √，解析：根据《民法典》第 235 条规定。
3. √，解析：根据《民法典》第 237 条规定。
4. ×，解析：根据《民法典》第 239 条规定，本章规定的物权保护方式，可以单独适用，也可以根据权利被侵害的情形合并适用。

二、单项选择题

1. D，解析：根据《民法典》第 234 条规定，因物权的归属、内容发生争议的，利害关系人可以请求确认权利。
2. D，解析：根据《民法典》第 236 条规定，妨害物权或者可能妨害物权的，权利人可以请求排除妨害或者消除危险。
3. D，解析：根据《民法典》第 238 条规定，侵害物权，造成权利人损害的，权利人可以依法请求损害赔偿，也可以依法请求承担其他民事责任。

三、多项选择题

1. 物权受到侵害的，权利人可以通过(　　)等途径解决。

   A. 和解　　B. 调解

   C. 仲裁　　D. 诉讼

2. 关于返还原物请求权以下说法正确的是：(　　)

   A. 无权占有不动产的，权利人可以请求返还原物

   B. 无权占有动产的，权利人可以请求返还原物

   C. 无权占有不动产的，权利人不得请求返还原物

   D. 权利人请求无权占有人返还原物属于返还原物请求权的内容

3. 造成不动产或者动产毁损的，权利人可以依法请求(　　)。

   A. 修理　　B. 重作

   C. 更换　　D. 恢复原状

四、填空题

1. 物权受到侵害的，权利人可以通过____、____、____、____等途径解决。
2. 因物权的、发生争议的，利害关系人可以请求确认权利。
3. 妨害物权或者可能妨害物权的，权利人可以请求____或者____。
4. 侵害物权，造成权利人损害的，权利人可以依法请求____，也可以依法请求承担其他民事责任。

五、简答题

简述物权的保护。

三、多项选择题

1. ABCD，解析：根据《民法典》第 233 条规定，物权受到侵害的，权利人可以通过和解、调解、仲裁、诉讼等途径解决。
2. ABD，解析：根据《民法典》第 235 条规定，无权占有不动产或者动产的，权利人可以请求返还原物。
3. ABCD，解析：根据《民法典》第 237 条规定，造成不动产或者动产毁损的，权利人可以依法请求修理、重作、更换或者恢复原状。

四、填空题

1. 和解；调解；仲裁；诉讼。(《民法典》第 233 条)
2. 归属；内容。(《民法典》第 234 条)
3. 排除妨害；消除危险。(《民法典》第 236 条)
4. 损害赔偿。(《民法典》第 238 条)

五、简答题

答：根据《民法典》物权编的规定，物权的保护方式可以大致分为三类，详述如下：

(1) 物权确认请求权。因物权的归属、内容发生争议的，利害关系人可以请求确认权利。此种请求可以通过向行政机关、法院或者仲裁机构提起。在确认之前，物权是否存在尚处于不确定状态，因此，此项权利不是物权请求权的内容。

(2) 通过物权请求权的保护。此种请求权是基于物权而产生的一种请求权，旨在排除对于物权现实的或者潜在的损害，恢复物权圆满之支配状态。主要包括三种具体类型：返还原物请求权、妨害排除请求权和消除危险请求权。前两项旨在恢复已经造成的损害，后一项旨在排除对于物权潜在的侵害。

(3) 通过债权请求权的保护。债权请求权是基于特定原因引起的，在特定当事人之间发生请求相对人为或不为一定行为的权利。根据《民法典》物权编的规定，进行物权保护的债权请求权主要包括恢复原状请求权和赔偿损失请求权。

第三讲　所有权

一、判断题

1. 被征用的不动产或者动产使用后，可以视情况返还被征用人。(　　)
2. 无居民海岛属于国家所有。(　　)
3. 国家所有的财产受法律保护，禁止任何组织或者个人侵占、哄抢、私分、截留、破坏。(　　)
4. 集体所有的不动产和动产包括城市的土地。(　　)
5. 社会团体法人、捐助法人依法所有的不动产和动产，受法律保护。(　　)
6. 建设单位、物业服务企业或者其他管理人等利用业主的共有部分产生的收入，在扣除合理成本之后，属于业主共有。(　　)
7. 不动产权利人对相邻权利人请求利用其土地的，应当提供必要的便利。(　　)
8. 不动产权利人因用水、排水、通行、铺设管线等利用相邻不动产的，不得对相邻的不动产权利人造成损害。(　　)
9. 处分共有的不动产，应当经占份额3/4以上的按份共有人或者全体共同共有人同意，但是共有人之间另有约定的除外。(　　)
10. 共有人约定不得分割共有的不动产或者动产，以维持共有关系的，应当按照约定。(　　)
11. 善意受让人取得动产后，该动产上的原有权利消灭。但是，善意受让人在受让时知道或者应当知道该权利的除外。(　　)

参考答案

一、判断题

1. ×，解析：根据《民法典》第245条规定，因抢险救灾、疫情防控等紧急需要，依照法律规定的权限和程序可以征用组织、个人的不动产或者动产。被征用的不动产或者动产使用后，应当返还被征用人。组织、个人的不动产或者动产被征用或者征用后毁损、灭失的，应当给予补偿。
2. √，解析：根据《民法典》第248条规定。
3. √，解析：根据《民法典》第258条规定。
4. ×，解析：根据《民法典》第260条规定，集体所有的不动产和动产包括：（1）法律规定属于集体所有的土地和森林、山岭、草原、荒地、滩涂；（2）集体所有的建筑物、生产设施、农田水利设施；（3）集体所有的教育、科学、文化、卫生、体育等设施；（4）集体所有的其他不动产和动产。
5. √，解析：根据《民法典》第270条规定。
6. √，解析：根据《民法典》第282条规定。
7. ×，解析：根据《民法典》第291条规定，不动产权利人对相邻权利人因通行等必须利用其土地的，应当提供必要的便利。
8. ×，解析：根据《民法典》第296条规定，不动产权利人因用水、排水、通行、铺设管线等利用相邻不动产的，应当尽量避免对相邻的不动产权利人造成损害。
9. ×，解析：根据《民法典》第301条规定，处分共有的不动产或者动产以及对共有的不动产或者动产作重大修缮、变更性质或者用途的，应当经占份额2/3以上的按份共有人或者全体共同共有人同意，但是共有人之间另有约定的除外。
10. √，解析：参见《民法典》第303条规定。
11. √，解析：根据《民法典》第313条规定。

二、单项选择题

1. 关于所有权的权能以下说法错误的是：(　　)

A. 所有权人对自己的不动产或者动产，依法享有占有、使用的权利

B. 所有权人对自己的不动产或者动产，依法享有收益的权利

C. 所有权不是最完全的物权

D. 所有权人对自己的不动产或者动产，依法享有处分的权利

2. 国家机关对其直接支配的不动产和动产，不享有(　　)的权利。

A. 占有　　B. 使用

C. 收益　　D. 依照法律规定处分

3. 国家出资的企业，由(　　)依照法律、行政法规规定分别代表国家履行出资人职责，享有出资人权益。

A. 全国人大　　B. 地方人大

C. 国有企业　　D. 国务院、地方人民政府

4. 集体所有的不动产和动产不包括：(　　)

A. 矿藏　　B. 集体所有的建筑物

C. 集体所有的土地　　D. 集体所有的教育设施

5. 关于集体财产状况的公布，以下说法错误的是：(　　)

A. 农村集体经济组织或者村民委员会、村民小组应当依照法律、行政法规以及章程、村规民约向本集体成员公布集体财产的状况

B. 农村集体经济组织或者村民委员会、村民小组应当向全社会公开公布集体财产的状况

C. 集体成员有权查阅相关资料

D. 集体成员有权复制相关资料

6. 私人对(　　)不享有所有权。

A. 合法的收入　　B. 城市的土地

B. 合法的生活用品　　D. 合法的生产工具、原材料

二、单项选择题

1. C，解析：根据《民法典》第240条规定，所有权人对自己的不动产或者动产，依法享有占有、使用、收益和处分的权利。所有权是最完全的物权。
2. C，解析：根据《民法典》第255条规定，国家机关对其直接支配的不动产和动产，享有占有、使用以及依照法律和国务院的有关规定处分的权利。
3. D，解析：根据《民法典》第257条规定，国家出资的企业，由国务院、地方人民政府依照法律、行政法规规定分别代表国家履行出资人职责，享有出资人权益。
4. A，解析：根据《民法典》第260条规定，集体所有的不动产和动产包括：（1）法律规定属于集体所有的土地和森林、山岭、草原、荒地、滩涂；（2）集体所有的建筑物、生产设施、农田水利设施；（3）集体所有的教育、科学、文化、卫生、体育等设施；（4）集体所有的其他不动产和动产。
5. B，解析：根据《民法典》第264条规定，农村集体经济组织或者村民委员会、村民小组应当依照法律、行政法规以及章程、村规民约向本集体成员公布集体财产的状况。集体成员有权查阅、复制相关资料。
6. B，解析：根据《民法典》第266条规定，私人对其合法的收入、房屋、生活用品、生产工具、原材料等不动产和动产享有所有权。

7. 关于营利法人的权利，以下说法错误的是：（　　）

A. 营利法人对其不动产和动产依照法律享有占有的权利

B. 营利法人对其不动产和动产依照行政法规享有使用的权利

C. 营利法人对其不动产和动产依照章程享有收益的权利

D. 营利法人对其不动产和动产依照规章享有处分的权利

8. 关于建筑物区分所有权共有部分的权利义务，以下说法错误的是：（　　）

A. 业主对建筑物专有部分以外的共有部分，享有权利

B. 业主对建筑物专有部分以外的共有部分，承担义务

C. 业主对建筑物专有部分以外的共有部分，不得以放弃权利为由不履行义务

D. 业主转让建筑物内的住宅、经营性用房，其对共有部分享有的共有和共同管理的权利可以分别转让

9. 关于车位、车库的归属，以下说法错误的是：（　　）

A. 建筑区划内，规划用于停放汽车的车位、车库的归属，可以由当事人通过出售的方式约定

B. 建筑区划内，规划用于停放汽车的车位、车库的归属，可以由当事人通过附赠的方式约定

C. 建筑区划内，规划用于停放汽车的车位、车库的归属，可以由当事人通过出租的方式约定

D. 占用业主共有的道路或者其他场地用于停放汽车的车位，可以由业主个人所有使用建筑物及其附属设施的维修资金

7. D，解析：根据《民法典》第269条规定，营利法人对其不动产和动产依照法律、行政法规以及章程享有占有、使用、收益和处分的权利。营利法人以外的法人，对其不动产和动产的权利，适用有关法律、行政法规以及章程的规定。
8. D，解析：根据《民法典》第273条规定，业主对建筑物专有部分以外的共有部分，享有权利，承担义务；不得以放弃权利为由不履行义务。业主转让建筑物内的住宅、经营性用房，其对共有部分享有的共有和共同管理的权利一并转让。
9. D，解析：根据《民法典》第275条规定，建筑区划内，规划用于停放汽车的车位、车库的归属，由当事人通过出售、附赠或者出租等方式约定。占用业主共有的道路或者其他场地用于停放汽车的车位，属于业主共有。

10. 关于委托管理，以下说法错误的是：(　　)

A. 物业服务企业或者其他管理人根据业主的委托，依照物业服务合同的有关规定管理建筑区划内的建筑物及其附属设施

B. 物业服务企业或者其他管理人根据业主的委托管理，并接受业主的监督

C. 物业服务企业或者其他管理人应当及时答复业主对物业服务情况提出的询问

D. 物业服务企业或者其他管理人应当书面答复业主对物业服务情况提出的询问

11. 关于相邻关系用水、排水，以下说法错误的是：(　　)

A. 不动产权利人应当为相邻权利人用水提供必要的便利

B. 不动产权利人应当为相邻权利人排水提供必要的便利

C. 对自然流水的利用，应当在不动产的相邻权利人之间平均分配

D. 对自然流水的排放，应当尊重自然流向

12. 关于按份共有的优先购买权，以下说法错误的是：(　　)

A. 按份共有人转让其享有的共有的不动产的，应当将转让条件及时通知其他共有人

B. 其他共有人应当在合理期限内行使优先购买权

C. 两个以上其他共有人主张行使优先购买权的，协商确定各自的购买比例

D. 协商不成的，由转让时共有份额多的共有人行使优先购买权

13. 关于遗失物的保管费用以及悬赏广告，以下说法错误的是：(　　)

A. 权利人领取遗失物时，应当向拾得人或者有关部门支付保管遗失物等支出的必要费用

B. 权利人悬赏寻找遗失物的，领取遗失物时应当按照承诺履行义务

C. 拾得人侵占遗失物的，无权请求保管遗失物等支出的费用

D. 拾得人侵占遗失物的，有权请求权利人按照承诺履行义务

10. D，解析：根据《民法典》第285条规定，物业服务企业或者其他管理人根据业主的委托，依照本法第三编有关物业服务合同的规定管理建筑区划内的建筑物及其附属设施，接受业主的监督，并及时答复业主对物业服务情况提出的询问。物业服务企业或者其他管理人应当执行政府依法实施的应急处置措施和其他管理措施，积极配合开展相关工作。

11. C，解析：根据《民法典》第290条规定，不动产权利人应当为相邻权利人用水、排水提供必要的便利。对自然流水的利用，应当在不动产的相邻权利人之间合理分配。对自然流水的排放，应当尊重自然流向。

12. D，解析：根据《民法典》第306条规定，按份共有人转让其享有的共有的不动产或者动产份额的，应当将转让条件及时通知其他共有人。其他共有人应当在合理期限内行使优先购买权。两个以上其他共有人主张行使优先购买权的，协商确定各自的购买比例；协商不成的，按照转让时各自的共有份额比例行使优先购买权。

13. D，解析：根据《民法典》第317条规定，权利人领取遗失物时，应当向拾得人或者有关部门支付保管遗失物等支出的必要费用。权利人悬赏寻找遗失物的，领取遗失物时应当按照承诺履行义务。拾得人侵占遗失物的，无权请求保管遗失物等支出的费用，也无权请求权利人按照承诺履行义务。

三、多项选择题

1. 下列关于征收的表述正确的是：(　　)

A. 为了公共利益的需要，依照法律规定的权限和程序可以征收集体所有的土地和组织、个人的房屋以及其他不动产

B. 征收集体所有的土地，应当依法及时足额支付土地补偿费、安置补助费以及农村村民住宅、其他地上附着物和青苗等的补偿费用

C. 征收组织、个人的房屋以及其他不动产，应当依法给予征收补偿，维护被征收人的合法权益

D. 任何组织或者个人不得贪污、挪用、私分、截留、拖欠征收补偿费等费用

2. 关于国家所有权及其行使，以下说法正确的是：(　　)

A. 法律规定属于国家所有的财产，属于国家所有即全民所有

B. 国有财产原则上由国务院代表国家行使所有权

C. 法律关于国家所有权及其行使另有规定的，依照其规定

D. 国有财产原则上由全国人大代表国家行使所有权

3. (　　)等自然资源，属于国家所有，但是法律规定属于集体所有的除外。

A. 滩涂　　B. 山岭

B. 荒地　　D. 森林

4. (　　)属于国家所有。

A. 法律规定属于国家所有的文物

B. 无线电频谱资源

C. 城市的土地

D. 法律规定属于国家所有的野生动植物资源

三、多项选择题

1. ABCD，解析：根据《民法典》第243条规定，为了公共利益的需要，依照法律规定的权限和程序可以征收集体所有的土地和组织、个人的房屋以及其他不动产。征收集体所有的土地，应当依法及时足额支付土地补偿费、安置补助费以及农村村民住宅、其他地上附着物和青苗等的补偿费用，并安排被征地农民的社会保障费用，保障被征地农民的生活，维护被征地农民的合法权益。征收组织、个人的房屋以及其他不动产，应当依法给予征收补偿，维护被征收人的合法权益；征收个人住宅的，还应当保障被征收人的居住条件。任何组织或者个人不得贪污、挪用、私分、截留、拖欠征收补偿费等费用。
2. ABC，解析：根据《民法典》第246条规定，法律规定属于国家所有的财产，属于国家所有即全民所有。国有财产由国务院代表国家行使所有权。法律另有规定的，依照其规定。
3. ABCD，解析：根据《民法典》第250条规定，森林、山岭、草原、荒地、滩涂等自然资源，属于国家所有，但是法律规定属于集体所有的除外。
4. ABCD，解析：根据《民法典》第249条规定，城市的土地，属于国家所有。法律规定属于国家所有的农村和城市郊区的土地，属于国家所有。根据《民法典》第251条规定，法律规定属于国家所有的野生动植物资源，属于国家所有。根据《民法典》第252条规定，无线电频谱资源属于国家所有。根据《民法典》第253条规定，法律规定属于国家所有的文物，属于国家所有。

5. 关于私有财产的保护，以下说法正确的是：（　　）

A. 私人的合法财产受法律保护，禁止任何组织或者个人侵占

B. 私人的非法财产受法律保护，禁止任何组织或者个人哄抢

C. 私人的合法财产受法律保护，禁止任何组织或者个人破坏

D. 私人的非法财产受法律保护，禁止任何组织或者个人侵占

6. 关于社会团体法人、捐助法人所有权的保护，以下说法正确的是：（　　）

A. 社会团体法人依法所有的不动产，受法律保护

B. 社会团体法人依法所有的动产，受法律保护

C. 捐助法人依法所有的不动产，受法律保护

D. 捐助法人依法所有的动产，受法律保护

7. 关于建筑区划内共有的范围，以下说法正确的是：（　　）

A. 建筑区划内的绿地，原则上属于业主共有

B. 建筑区划内的道路，属于业主共有，但是属于城镇公共道路的除外

C. 建筑区划内的绿地，属于城镇公共绿地或者明示属于个人的，不属于业主共有

D. 建筑区划内的其他公共场所、公用设施和物业服务用房，属于业主共有

8. 关于业主大会、业主委员会的决定，以下说法正确的是：（　　）

A. 业主大会的决定，对业主具有法律约束力

B. 业主大会或者业主委员会作出的决定侵害业主合法权益的，受侵害的业主可以请求人民法院予以撤销

C. 业主委员会的决定，对业主具有法律约束力

D. 业主大会或者业主委员会作出的决定侵害业主合法权益的，任何业主均可以请求人民法院予以撤销

5. AC，解析：根据《民法典》第267条规定，私人的合法财产受法律保护，禁止任何组织或者个人侵占、哄抢、破坏。
6. ABCD，解析：根据《民法典》第270条规定，社会团体法人、捐助法人依法所有的不动产和动产，受法律保护。
7. ABCD，解析：根据《民法典》第274条规定，建筑区划内的道路，属于业主共有，但是属于城镇公共道路的除外。建筑区划内的绿地，属于业主共有，但是属于城镇公共绿地或者明示属于个人的除外。建筑区划内的其他公共场所、公用设施和物业服务用房，属于业主共有。
8. ABC，解析：根据《民法典》第280条规定，业主大会或者业主委员会的决定，对业主具有法律约束力。业主大会或者业主委员会作出的决定侵害业主合法权益的，受侵害的业主可以请求人民法院予以撤销。

9. 关于有害物质的排放，以下说法正确的是：（ ）

A. 不动产权利人不得违反国家规定弃置固体废物

B. 不动产权利人不得违反国家规定排放大气污染物、水污染物

C. 不动产权利人不得违反国家规定排放土壤污染物、噪声

D. 不动产权利人不得违反国家规定排放光辐射、电磁辐射等有害物质

10. 关于相邻权行驶时的义务，以下说法正确的是：（ ）

A. 不动产权利人因用水利用相邻不动产的，不得对相邻的不动产权利人造成损害

B. 不动产权利人因排水利用相邻不动产的，应当尽量避免对相邻的不动产权利人造成损害

C. 不动产权利人因通行利用相邻不动产的，不得对相邻的不动产权利人造成损害

D. 不动产权利人因铺设管线利用相邻不动产的，应当尽量避免对相邻的不动产权利人造成损害

11. 关于共有人对共有物的管理费用以及其他负担的分担，以下说法正确的是：（ ）

A. 有约定的，按照其约定

B. 没有约定的，按份共有人按照其份额负担

C. 没有约定的，共同共有人共同负担

D. 约定不明确的，按份共有人平均负担

12. 关于遗失物的领取与招领，以下说法正确的是：（ ）

A. 有关部门收到遗失物，知道权利人的，应当及时通知其领取

B. 有关部门收到遗失物，不知道权利人的，应当及时发布招领公告

C. 拾得人应当及时通知权利人领取

D. 有关部门收到遗失物，应当及时收归国有

9. ABCD，解析：根据《民法典》第 294 条规定，不动产权利人不得违反国家规定弃置固体废物，排放大气污染物、水污染物、土壤污染物、噪声、光辐射、电磁辐射等有害物质。
10. BD，解析：根据《民法典》第 296 条规定，不动产权利人因用水、排水、通行、铺设管线等利用相邻不动产的，应当尽量避免对相邻的不动产权利人造成损害。
11. ABC，解析：根据《民法典》第 302 条规定，共有人对共有物的管理费用以及其他负担，有约定的，按照其约定；没有约定或者约定不明确的，按份共有人按照其份额负担，共同共有人共同负担。
12. ABC，解析：根据《民法典》第 314 条规定，拾得遗失物，应当返还权利人。拾得人应当及时通知权利人领取，或者送交公安等有关部门。根据《民法典》第 315 条规定，有关部门收到遗失物，知道权利人的，应当及时通知其领取；不知道的，应当及时发布招领公告。

四、填空题

1. 法律规定属于国家所有的财产，属于____即____。国有财产由____代表国家行使所有权。法律另有规定的，依照其规定。
2. ____、____、____、____、____等自然资源，属于国家所有，但是法律规定属于集体所有的除外。
3. ____、公路、电力设施、电信设施和____等基础设施，依照法律规定为国家所有的，属于国家所有。
4. 国家所有的财产受法律保护，禁止任何组织或者个人____、____、____、____、____。
5. 私人的合法财产受法律保护，禁止任何组织或者个人____、____、____。
6. 业主对建筑物内的住宅、经营性用房等____享有所有权，对专有部分以外的____享有共有和共同管理的权利。
7. 建筑区划内，规划用于停放汽车的车位、车库的归属，由当事人通过____等方式约定。占用业主共有的道路或者其他场地用于停放汽车的车位，属于____。
8. 业主不得违反法律、法规以及管理规约，将住宅改变为经营性用房。业主将住宅改变为经营性用房的，除遵守法律、法规以及管理规约外，____经有利害关系的业主____。
9. 不动产或者动产可以由两个以上组织、个人共有。共有包括____和____。
10. 按份共有人对共有的不动产或者动产____享有所有权。
11. 拾得漂流物、发现埋藏物或者隐藏物的，参照适用____的有关规定。
12. 因加工、附合、混合而产生的物的归属，没有约定或者约定不明确，且法律没有规定的，按照____以及____的原则确定。

四、填空题

1. 国家所有；全民所有；国务院。（《民法典》第 246 条）
2. 森林；山岭；草原；荒地；滩涂。（《民法典》第 250 条）
3. 铁路；油气管道。（《民法典》第 254 条）
4. 侵占；哄抢；私分；截留；破坏。（《民法典》第 258 条）
5. 侵占；哄抢；破坏。（《民法典》第 267 条）
6. 专有部分；共有部分。（《民法典》第 271 条）
7. 出售、附赠或者出租；业主共有。（《民法典》第 275 条）
8. 应当；一致同意。（《民法典》第 279 条）
9. 按份共有；共同共有。（《民法典》第 297 条）
10. 按照其份额。（《民法典》第 298 条）
11. 拾得遗失物。（《民法典》第 319 条）
12. 充分发挥物的效用；保护无过错当事人。（《民法典》第 322 条）

第四讲　用益物权

一、判断题

1. 用益物权人对他人所有的不动产或者动产，依法享有占有、使用、收益和处分的权利。(　　)
2. 土地承包经营权自土地承包经营权登记造册时设立。(　　)
3. 承包地被征收的，土地承包经营权人有权依据《民法典》第 243 条的规定获得相应补偿。(　　)
4. 土地经营权人有权在合同约定的期限内占有农村土地，自主开展农业生产经营并取得收益。(　　)
5. 设立建设用地使用权应当符合节约资源、保护生态环境的要求。(　　)
6. 采取招标、拍卖、协议等出让方式设立建设用地使用权的，当事人应当采用书面形式订立建设用地使用权出让合同。(　　)
7. 建设用地使用权人建造的建筑物、构筑物及其附属设施的所有权属于建设用地使用权人，但是有相反证据证明的除外。(　　)
8. 建设用地使用权期限届满前，因公共利益需要提前收回该土地的，应当对该土地上的房屋及其他不动产给予赔偿，并退还相应的出让金。(　　)
9. 集体所有的土地作为建设用地的，应当依照土地管理的法律规定办理。(　　)
10. 宅基地使用权人依法对国有土地享有占有和使用的权利，有权依法利用该土地建造住宅及其附属设施。(　　)
11. 已经登记的宅基地使用权转让或者消灭的，应当及时办理变更登记或者注销登记。(　　)

参考答案

一、判断题

1. ×，解析：根据《民法典》第323条规定，用益物权人对他人所有的不动产或者动产，依法享有占有、使用和收益的权利。
2. ×，解析：根据《民法典》第333条规定，土地承包经营权自土地承包经营权合同生效时设立。登记机构应当向土地承包经营权人发放土地承包经营权证、林权证等证书，并登记造册，确认土地承包经营权。
3. √，解析：根据《民法典》第338条规定。
4. √，解析：根据《民法典》第340条规定。
5. √，解析：根据《民法典》第346条规定。
6. √，解析：参见《民法典》第348条规定。
7. √，解析：根据《民法典》第352条规定。
8. ×，解析：根据《民法典》第358条规定，建设用地使用权期限届满前，因公共利益需要提前收回该土地的，应当依据本法第243条的规定对该土地上的房屋及其他不动产给予补偿，并退还相应的出让金。
9. √，解析：根据《民法典》第361条规定。
10. ×，解析：根据《民法典》第362条规定，宅基地使用权人依法对集体所有的土地享有占有和使用的权利，有权依法利用该土地建造住宅及其附属设施。
11. √，解析：根据《民法典》第365条规定。

12. 居住权有偿设立，但是当事人另有约定的除外。（　　）

13. 居住权期限届满或者居住权人死亡的，居住权消灭。（　　）

14. 地役权自地役权登记时设立。（　　）

15. 已经登记的地役权变更、转让或者消灭的，应当及时办理变更登记或者注销登记。（　　）

二、单项选择题

1. 关于国家、集体自然资源用益物权，以下说法错误的是：（　　）

　A. 国家所有的自然资源，组织、个人依法可以占有、使用和收益

　B. 国家所有由集体使用的自然资源，组织、个人依法可以占有、使用和收益

　C. 法律规定属于集体所有的自然资源，组织、个人依法可以占有、使用和收益

　D. 国家所有的自然资源，组织、个人依法可以占有、使用、收益和处分

2. 关于承包期，以下说法错误的是：（　　）

　A. 耕地的承包期为 50 年

　B. 草地的承包期为 30 年至 50 年

　C. 林地的承包期为 30 年至 70 年

　D. 承包期限届满，由土地承包经营权人依照农村土地承包的法律规定继续承包

3. 关于土地承包经营权，以下说法错误的是：（　　）

　A. 当事人可以向登记机构申请土地经营权登记

　B. 流转合同未经登记，不得对抗善意第三人

　C. 流转期限为 5 年以上的土地经营权，自流转合同生效时设立

　D. 流转期限为 5 年以上的土地经营权，自流转合同签订时设立

12. ×，解析：根据《民法典》第368条规定，居住权无偿设立，但是当事人另有约定的除外。设立居住权的，应当向登记机构申请居住权登记。居住权自登记时设立。

13. √，解析：根据《民法典》第370条规定。

14. ×，解析：根据《民法典》第374条规定，地役权自地役权合同生效时设立。当事人要求登记的，可以向登记机构申请地役权登记；未经登记，不得对抗善意第三人。

15. √，解析：根据《民法典》第385条规定。

二、单项选择题

1. D，解析：根据《民法典》第324条规定，国家所有或者国家所有由集体使用以及法律规定属于集体所有的自然资源，组织、个人依法可以占有、使用和收益。

2. A，解析：根据《民法典》第332条规定，耕地的承包期为30年。草地的承包期为30年至50年。林地的承包期为30年至70年。前款规定的承包期限届满，由土地承包经营权人依照农村土地承包的法律规定继续承包。

3. D，解析：根据《民法典》第341条规定，流转期限为5年以上的土地经营权，自流转合同生效时设立。当事人可以向登记机构申请土地经营权登记；未经登记，不得对抗善意第三人。

4. 关于建设用地使用权的设立，以下说法错误的是：(　　)

A. 建设用地使用权自登记时设立

B. 设立建设用地使用权的，应当向登记机构申请建设用地使用权登记

C. 建设用地使用权自交付时设立

D. 登记机构应当向建设用地使用权人发放权属证书

5. 关于住宅建设用地使用权期限，以下说法错误的是：(　　)

A. 住宅建设用地使用权期限届满的，依照法律、行政法规和规章的规定续期

B. 续期费用的缴纳或者减免，依照法律、行政法规的规定办理

C. 非住宅建设用地使用权期限届满后的续期，依照法律规定办理

D. 该土地上的房屋及其他不动产的归属，有约定的，按照约定

6. 关于居住权，以下说法错误的是：(　　)

A. 居住权无偿设立，但是当事人另有约定的除外

B. 居住权不得转让

C. 居住权可以继承

D. 设立居住权的住宅不得出租，但是当事人另有约定的除外

7. 关于地役权的转让，以下说法错误的是：(　　)

A. 地役权可以单独转让

B. 土地承包经营权转让的，地役权一并转让

C. 建设用地使用权转让的，地役权一并转让

D. 地役权不得单独转让

三、多项选择题

1. 依法取得的(　　)受法律保护。

A. 探矿权

B. 采矿权

C. 取水权

D. 使用水域、滩涂从事养殖、捕捞的权利

4. C，解析：根据《民法典》第 349 条规定，设立建设用地使用权的，应当向登记机构申请建设用地使用权登记。建设用地使用权自登记时设立。登记机构应当向建设用地使用权人发放权属证书。

5. A，解析：根据《民法典》第 359 条规定，住宅建设用地使用权期限届满的，自动续期。续期费用的缴纳或者减免，依照法律、行政法规的规定办理。非住宅建设用地使用权期限届满后的续期，依照法律规定办理。该土地上的房屋及其他不动产的归属，有约定的，按照约定；没有约定或者约定不明确的，依照法律、行政法规的规定办理。

6. C，解析：根据《民法典》第 369 条规定，居住权不得转让、继承。设立居住权的住宅不得出租，但是当事人另有约定的除外。

7. A，解析：根据《民法典》第 380 条规定，地役权不得单独转让。土地承包经营权、建设用地使用权等转让的，地役权一并转让，但是合同另有约定的除外。

三、多项选择题

1. ABCD，解析：根据《民法典》第 329 条规定，依法取得的探矿权、采矿权、取水权和使用水域、滩涂从事养殖、捕捞的权利受法律保护。

2. 通过( )等方式承包农村土地，经依法登记取得权属证书的，可以依法采取出租、入股、抵押或者其他方式流转土地经营权。

A. 招标 B. 拍卖

C. 公开协商 D. 变卖

3. 关于建设用地使用权的设立方式，以下说法正确的是：( )

A. 设立建设用地使用权，可以采取出让方式

B. 设立建设用地使用权，可以采取划拨方式

C. 适当限制以划拨方式设立建设用地使用权

D. 工业、商业、旅游、娱乐和商品住宅等经营性用地以及同一土地有两个以上意向用地者的，应当采取招标、拍卖等公开竞价的方式出让

4. 关于建设用地流转合同，以下说法正确的是：( )

A. 建设用地使用权转让、互换的，当事人应当采用书面形式订立相应的合同

B. 建设用地使用权出资、赠与或者抵押的，当事人可以采用书面形式订立相应的合同

C. 使用期限由法律规定

D. 使用期限不得超过建设用地使用权的剩余期限

5. 宅基地使用权的( )，适用土地管理的法律和国家有关规定。

A. 取得 B. 行使

C. 转让 D. 消灭

6. 居住权合同一般包括下列条款：( )

A. 当事人的姓名或者名称和住所 B. 住宅的位置

C. 居住的条件和要求 D. 居住权期间

7. 关于地役权合同，以下说法正确的是：( )

A. 当事人应当采用书面形式订立地役权合同

B. 地役权合同一般包括当事人的姓名或者名称和住所条款

C. 地役权合同一般包括供役地和需役地的位置条款

D. 地役权合同一般包括利用目的和方法条款

2. ABC，解析：《民法典》第 342 条规定，通过招标、拍卖、公开协商等方式承包农村土地，经依法登记取得权属证书的，可以依法采取出租、入股、抵押或者其他方式流转土地经营权。
3. ABD，解析：根据《民法典》第 347 条规定，设立建设用地使用权，可以采取出让或者划拨等方式。工业、商业、旅游、娱乐和商品住宅等经营性用地以及同一土地有两个以上意向用地者的，应当采取招标、拍卖等公开竞价的方式出让。严格限制以划拨方式设立建设用地使用权。
4. AD，解析：根据《民法典》第 354 条规定，建设用地使用权转让、互换、出资、赠与或者抵押的，当事人应当采用书面形式订立相应的合同。使用期限由当事人约定，但是不得超过建设用地使用权的剩余期限。
5. ABC，解析：根据《民法典》第 363 条规定，宅基地使用权的取得、行使和转让，适用土地管理的法律和国家有关规定。
6. ABCD，解析：根据《民法典》第 367 条规定，设立居住权，当事人应当采用书面形式订立居住权合同。居住权合同一般包括下列条款：（1）当事人的姓名或者名称和住所；（2）住宅的位置；（3）居住的条件和要求；（4）居住权期间；（5）解决争议的方法。
7. ABCD，解析：根据《民法典》第 373 条规定，设立地役权，当事人应当采用书面形式订立地役权合同。地役权合同一般包括下列条款：（1）当事人的姓名或者名称和住所；（2）供役地和需役地的位置；（3）利用目的和方法；（4）地役权期限；（5）费用及其支付方式；（6）解决争议的方法。

8. 关于地役权的抵押，以下说法正确的是：(　　)

A. 地役权可以单独抵押

B. 土地经营权抵押的，在实现抵押权时，地役权一并转让

C. 建设用地使用权抵押的，在实现抵押权时，地役权一并转让

D. 地役权不得单独抵押

四、填空题

1. 承包期内发包人不得____。法律另有规定的，依照其规定。
2. 土地承包经营权人可以自主决定依法采取____、____或者其他方式向他人流转土地经营权。
3. 建设用地使用权可以在土地的____、____或者____分别设立。
4. 建设用地使用权人应当依照法律规定以及合同约定支付____等费用。
5. 建设用地使用权转让、互换、出资或者赠与的，应当向登记机构申请____。
6. 居住权人有权按照合同约定，对他人的住宅享有____、____的用益物权，以满足生活居住的需要。
7. 以____方式设立居住权的，参照适用居住权的有关规定。
8. 地役权人有权按照合同约定，利用他人的不动产，以提高自己的不动产的效益。前述他人的不动产为____，自己的不动产为____。
9. 供役地权利人应当按照合同约定，允许地役权人____，不得妨害地役权人____。
10. 地役权期限由当事人约定；但是，不得超过土地承包经营权、建设用地使用权等用益物权的____。

8. BCD，解析：根据《民法典》第 381 条规定，地役权不得单独抵押。土地经营权、建设用地使用权等抵押的，在实现抵押权时，地役权一并转让。

四、填空题

1. 收回承包地。(《民法典》第 337 条)
2. 出租；入股。(《民法典》第 339 条)
3. 地表；地上；地下。(《民法典》第 345 条)
4. 出让金。(《民法典》第 351 条)
5. 变更登记。(《民法典》第 355 条)
6. 占有；使用。(《民法典》第 366 条)
7. 遗嘱。(《民法典》第 371 条)
8. 供役地；需役地。(《民法典》第 372 条)
9. 利用其不动产；行使权利。(《民法典》第 375 条)
10. 剩余期限。(《民法典》第 377 条)

第五讲　担保物权

一、判断题

1. 原则上，担保物权人在债务人不履行到期债务或者发生当事人约定的实现担保物权的情形，依法享有就担保财产优先受偿的权利。（　　）
2. 担保期间，担保财产毁损、灭失或者被征收等，担保物权人可以就获得的保险金、赔偿金或者补偿金等优先受偿。（　　）
3. 为担保债务的履行，债务人或者第三人不转移财产的占有，将该财产抵押给债权人的，债务人不履行到期债务或者发生当事人约定的实现抵押权的情形，债权人有权就该财产优先受偿。（　　）
4. 乡镇、村企业的建设用地使用权可以单独抵押。（　　）
5. 以交通运输工具抵押的，应当办理抵押登记。抵押权自抵押合同生效时设立。（　　）
6. 以动产抵押的，不得对抗正常经营活动中已经支付合理价款并取得抵押财产的买受人。（　　）
7. 抵押期间，抵押人不得转让抵押财产。当事人另有约定的，按照其约定。抵押财产转让的，抵押权不受影响。（　　）
8. 抵押权人可以放弃抵押权或者抵押权的顺位。（　　）
9. 同一财产既设立抵押权又设立质权的，拍卖、变卖该财产所得的价款按照登记、交付的时间先后确定清偿顺序。（　　）
10. 建设用地使用权抵押后，该土地上新增的建筑物属于抵押财产。（　　）
11. 以集体所有土地的使用权依法抵押的，实现抵押权后，未经法定程序，不得改变土地所有权的性质和土地用途。（　　）
12. 法律、行政法规、规章禁止转让的动产不得出质。（　　）

参考答案

一、判断题

1. √，解析：根据《民法典》第 386 条规定。
2. √，解析：参见《民法典》第 390 条规定。
3. √，解析：参见《民法典》第 394 条规定。
4. ×，解析：根据《民法典》第 398 条规定，乡镇、村企业的建设用地使用权不得单独抵押。以乡镇、村企业的厂房等建筑物抵押的，其占用范围内的建设用地使用权一并抵押。
5. ×，解析：根据《民法典》第 402 条规定，以《民法典》第 395 条第 1 款第 1 项至第 3 项规定的财产或者第 5 项规定的正在建造的建筑物抵押的，应当办理抵押登记。抵押权自登记时设立。
6. √，解析：根据《民法典》第 404 条规定。
7. ×，解析：根据《民法典》第 406 条第 1 款规定，抵押期间，抵押人可以转让抵押财产。当事人另有约定的，按照其约定。抵押财产转让的，抵押权不受影响。
8. √，解析：根据《民法典》第 409 条规定。
9. √，解析：根据《民法典》第 415 条规定。
10. ×，解析：根据《民法典》第 417 条规定，建设用地使用权抵押后，该土地上新增的建筑物不属于抵押财产。该建设用地使用权实现抵押权时，应当将该土地上新增的建筑物与建设用地使用权一并处分。但是，新增建筑物所得的价款，抵押权人无权优先受偿。
11. √，解析：根据《民法典》第 418 条规定。
12. ×，解析：根据《民法典》第 426 条规定，法律、行政法规禁止转让的动产不得出质。

13. 质权人在债务履行期限届满前，与出质人约定债务人不履行到期债务时质押财产归债权人所有的，只能依法就质押财产优先受偿。(　　)
14. 质权人不得放弃质权。(　　)
15. 出质人可以请求质权人在债务履行期限届满后及时行使质权；质权人不行使的，出质人可以请求人民法院拍卖、变卖质押财产。(　　)
16. 债务人不履行到期债务，债权人可以留置债务人的动产，并有权就该动产优先受偿。(　　)
17. 法律规定或者当事人约定不得留置的动产，不得留置。(　　)
18. 留置期间发生留置财产毁损、灭失的，留置权人应当承担赔偿责任。(　　)
19. 债务人可以请求留置权人在债务履行期限届满后行使留置权；留置权人不行使的，债务人可以请求人民法院拍卖、变卖留置财产。(　　)
20. 留置财产折价或者拍卖、变卖后，其价款超过债权数额的部分归债务人所有，不足部分不再清偿。(　　)

二、单项选择题

1. 关于设立担保物权，以下说法错误的是：(　　)

   A. 应当依照法律的规定订立担保合同

   B. 主债权债务合同是担保合同的从合同

   C. 主债权债务合同无效，担保合同无效，但是法律另有规定的除外

   D. 担保合同被确认无效后，债务人、担保人、债权人有过错的，应当根据其过错各自承担相应的民事责任

13. √，解析：根据《民法典》第428条规定。
14. ×，解析：根据《民法典》第435条规定，质权人可以放弃质权。债务人以自己的财产出质，质权人放弃该质权的，其他担保人在质权人丧失优先受偿权益的范围内免除担保责任，但是其他担保人承诺仍然提供担保的除外。
15. √，解析：参见《民法典》第437条规定。
16. ×，解析：根据《民法典》第447条第1款规定，债务人不履行到期债务，债权人可以留置已经合法占有的债务人的动产，并有权就该动产优先受偿。
17. √，解析：根据《民法典》第449条规定。
18. ×，解析：根据《民法典》第451条规定，留置权人负有妥善保管留置财产的义务；因保管不善致使留置财产毁损、灭失的，应当承担赔偿责任。
19. √，解析：根据《民法典》第454条规定。
20. ×，解析：根据《民法典》第455条规定，留置财产折价或者拍卖、变卖后，其价款超过债权数额的部分归债务人所有，不足部分由债务人清偿。

二、单项选择题

1. B，解析：根据《民法典》第388条规定，设立担保物权，应当依照本法和其他法律的规定订立担保合同。担保合同包括抵押合同、质押合同和其他具有担保功能的合同。担保合同是主债权债务合同的从合同。主债权债务合同无效，担保合同无效，但是法律另有规定的除外。担保合同被确认无效后，债务人、担保人、债权人有过错的，应当根据其过错各自承担相应的民事责任。

2. 关于被担保的债权既有物的担保又有人的担保，以下说法错误的是：（　　）

A. 债务人不履行到期债务或者发生当事人约定的实现担保物权的情形，债权人应当按照约定实现债权

B. 没有约定或者约定不明确，债务人自己提供物的担保的，债权人应当先请求保证人承担保证责任

C. 第三人提供物的担保的，债权人可以就物的担保实现债权，也可以请求保证人承担保证责任

D. 提供担保的第三人承担担保责任后，有权向债务人追偿

3. 关于浮动抵押，以下说法错误的是：（　　）

A. 企业可以将现有的以及将有的生产设备、原材料、半成品、产品抵押

B. 个体工商户可以将现有的以及将有的生产设备、原材料、半成品、产品抵押

C. 农业生产经营者可以将现有的以及将有的生产设备、原材料、半成品、产品抵押

D. 债务人不履行到期债务或者发生当事人约定的实现抵押权的情形，债权人可以就抵押财产确定时的动产及不动产优先受偿

4. 下列财产可以抵押的是：（　　）

A. 土地所有权

B. 医疗设施

C. 学校、幼儿园、医疗机构等以公益为目的成立的非营利法人的教育设施

D. 建设用地使用权

2. B，解析：根据《民法典》第 392 条规定，被担保的债权既有物的担保又有人的担保的，债务人不履行到期债务或者发生当事人约定的实现担保物权的情形，债权人应当按照约定实现债权；没有约定或者约定不明确，债务人自己提供物的担保的，债权人应当先就该物的担保实现债权；第三人提供物的担保的，债权人可以就物的担保实现债权，也可以请求保证人承担保证责任。提供担保的第三人承担担保责任后，有权向债务人追偿。
3. D，解析：根据《民法典》第 396 条规定，企业、个体工商户、农业生产经营者可以将现有的以及将有的生产设备、原材料、半成品、产品抵押，债务人不履行到期债务或者发生当事人约定的实现抵押权的情形，债权人有权就抵押财产确定时的动产优先受偿。
4. D，解析：根据《民法典》第 399 条规定，下列财产不得抵押：（1）土地所有权；（2）宅基地、自留地、自留山等集体所有土地的使用权，但是法律规定可以抵押的除外；（3）学校、幼儿园、医疗机构等为公益目的成立的非营利法人的教育设施、医疗卫生设施和其他公益设施；（4）所有权、使用权不明或者有争议的财产；（5）依法被查封、扣押、监管的财产；（6）法律、行政法规规定不得抵押的其他财产。

5. 关于动产抵押，以下说法错误的是：(　　)

A. 以动产抵押的，抵押权自抵押合同生效时设立

B. 未经登记，不得对抗善意第三人

C. 以动产抵押的，抵押权自抵押登记时设立

D. 以动产抵押的，不得对抗正常经营活动中已支付合理价款并取得抵押财产的买受人

6. 关于抵押权的保护，以下说法错误的是：(　　)

A. 抵押人的行为足以使抵押财产价值减少的，抵押权人有权请求抵押人停止其行为

B. 抵押财产价值减少的，抵押权人有权请求恢复抵押财产的价值

C. 抵押财产价值减少的，抵押权人有权请求提供与减少的价值相应的担保

D. 抵押人不恢复抵押财产的价值，也不提供担保的，抵押权人有权请求债务人变卖抵押财产以实现抵押权

7. 关于最高额抵押，以下说法错误的是：(　　)

A. 最高额抵押权设立前已经存在的债权，经当事人同意，可以转入最高额抵押担保的债权范围

B. 最高额抵押担保的债权确定前，部分债权转让的，最高额抵押权可以转让

C. 最高额抵押担保的债权确定前，抵押权人与抵押人可以通过协议变更债权确定的期间、债权范围以及最高债权额

D. 变更的内容不得对其他抵押权人产生不利影响

8. 关于质权的设立，以下说法错误的是：(　　)

A. 设立质权，当事人可以采用口头形式订立质押合同

B. 质押合同一般包括被担保债权的种类和数额

C. 质押合同一般包括债务人履行债务的期限

D. 质押合同一般包括质押财产的名称、数量等情况

5. C，解析：根据《民法典》第403条规定，以动产抵押的，抵押权自抵押合同生效时设立；未经登记，不得对抗善意第三人。

6. D，解析：根据《民法典》第408条规定，抵押人的行为足以使抵押财产价值减少的，抵押权人有权请求抵押人停止其行为；抵押财产价值减少的，抵押权人有权请求恢复抵押财产的价值，或者提供与减少的价值相应的担保。抵押人不恢复抵押财产的价值，也不提供担保的，抵押权人有权请求债务人提前清偿债务。

7. B，解析：根据《民法典》第421条规定，最高额抵押担保的债权确定前，部分债权转让的，最高额抵押权不得转让，但是当事人另有约定的除外。

8. A，解析：根据《民法典》第427条规定，设立质权，当事人应当采用书面形式订立质押合同。质押合同一般包括下列条款：（1）被担保债权的种类和数额；（2）债务人履行债务的期限；（3）质押财产的名称、数量等情况；（4）担保的范围；（5）质押财产交付的时间、方式。

9. 关于质权出质，以下说法错误的是：(　　)

A. 以基金份额、股权出质的，质权自质押合同订立时时设立

B. 基金份额、股权出质后，不得转让，但是出质人与质权人协商同意的除外

C. 出质人转让基金份额、股权所得的价款，应当向质权人提前清偿债务

D. 出质人转让基金份额、股权所得的价款，应当向质权人提存

10. 关于以应收账款出质的质权的设立及转让限制，以下说法错误的是：(　　)

A. 以应收账款出质的，质权自权利凭证交付质权人时设立

B. 应收账款出质后，不得转让，但是出质人与质权人协商同意的除外

C. 出质人转让应收账款所得的价款，应当向质权人提前清偿债务

D. 出质人转让应收账款所得的价款，应当向质权人提存

11. 同一动产上已经设立抵押权或者质权，该动产又被留置的，受偿顺序为：(　　)

A. 抵押权人优先受偿　　B. 质权人优先受偿

C. 留置权人优先受偿　　D. 按比例受偿

三、多项选择题

1. 担保物权的担保范围包括(　　)。

A. 主债权及其利息

B. 违约金

C. 损害赔偿金

D. 保管担保财产和实现担保物权的费用

2. 有下列情形之一的，担保物权消灭：(　　)

A. 主债权消灭

B. 担保物权实现

C. 债权人放弃担保物权

D. 法律规定担保物权消灭的其他情形

9. A，解析：根据《民法典》第443条规定，以基金份额、股权出质的，质权自办理出质登记时设立。基金份额、股权出质后，不得转让，但是出质人与质权人协商同意的除外。出质人转让基金份额、股权所得的价款，应当向质权人提前清偿债务或者提存。

10. A，解析：根据《民法典》第445条规定，以应收账款出质的，质权自办理出质登记时设立。应收账款出质后，不得转让，但是出质人与质权人协商同意的除外。出质人转让应收账款所得的价款，应当向质权人提前清偿债务或者提存。

11. C，解析：根据《民法典》第456条规定，同一动产上已经设立抵押权或者质权，该动产又被留置的，留置权人优先受偿。

三、多项选择题

1. ABCD，解析：根据《民法典》第389条规定，担保物权的担保范围包括主债权及其利息、违约金、损害赔偿金、保管担保财产和实现担保物权的费用。当事人另有约定的，按照其约定。

2. ABCD，解析：根据《民法典》第393条规定，有下列情形之一的，担保物权消灭：（1）主债权消灭；（2）担保物权实现；（3）债权人放弃担保物权；（4）法律规定担保物权消灭的其他情形。

3. 债务人或者第三人有权处分的下列财产可以抵押的是：(　　)

A. 建筑物　　B. 土地附着物

C. 建设用地使用权　　D. 海域使用权

4. 抵押合同一般包括下列条款：(　　)

A. 被担保债权的种类和数额　　B. 债务人履行债务的期限

C. 抵押财产的名称、数量等情况　　D. 担保的范围

5. 关于抵押权的处分，以下说法正确的是：(　　)

A. 抵押权不得与债权分离而单独转让

B. 债权转让的，担保该债权的抵押权一并转让

C. 关于债权转让，法律另有规定或者当事人另有约定的，依该规定、约定

D. 抵押权可以与债权分离而单独转让

6. 关于抵押权的顺位，以下说法正确的是：(　　)

A. 抵押权人不得放弃抵押权或者抵押权的顺位

B. 抵押权人与抵押人可以协议变更抵押权顺位，但是抵押权的变更，未经其他抵押权人书面同意，不得对其他抵押权人产生不利影响

C. 抵押权人与抵押人可以协议变更被担保的债权数额。但是，抵押权的变更未经其他抵押权人书面同意的，不得对其他抵押权人产生不利影响

D. 债务人以自己的财产设定抵押，抵押权人放弃该抵押权、抵押权顺位或者变更抵押权的，其他担保人在抵押权人丧失优先受偿权益的范围内免除担保责任，但是其他担保人承诺仍然提供担保的除外

7. 抵押财产自(　　)发生时确定。

A. 债务履行期限届满，债权未实现

B. 抵押人被宣告破产或者解散

C. 当事人约定的实现抵押权的情形

D. 严重影响债权实现的其他情形

3. ABCD，解析：根据《民法典》第395条规定，债务人或者第三人有权处分的下列财产可以抵押：（1）建筑物和其他土地附着物；（2）建设用地使用权；（3）海域使用权；（4）生产设备、原材料、半成品、产品；（5）正在建造的建筑物、船舶、航空器；（6）交通运输工具；（7）法律、行政法规未禁止抵押的其他财产。抵押人可以将前款所列财产一并抵押。

4. ABCD，解析：根据《民法典》第400条规定，设立抵押权，当事人应当采用书面形式订立抵押合同。抵押合同一般包括下列条款：（1）被担保债权的种类和数额；（2）债务人履行债务的期限；（3）抵押财产的名称、数量等情况；（4）担保的范围。

5. ABC，解析：根据《民法典》第407条规定，抵押权不得与债权分离而单独转让或者作为其他债权的担保。债权转让的，担保该债权的抵押权一并转让，但是法律另有规定或者当事人另有约定的除外。

6. BCD，解析：根据《民法典》第409条规定，抵押权人可以放弃抵押权或者抵押权的顺位。抵押权人与抵押人可以协议变更抵押权顺位以及被担保的债权数额等内容。但是，抵押权的变更未经其他抵押权人书面同意的，不得对其他抵押权人产生不利影响。债务人以自己的财产设定抵押，抵押权人放弃该抵押权、抵押权顺位或者变更抵押权的，其他担保人在抵押权人丧失优先受偿权益的范围内免除担保责任，但是其他担保人承诺仍然提供担保的除外。

7. ABCD，解析：根据《民法典》第411条规定，依据本法第396条规定设定抵押的，抵押财产自下列情形之一发生时确定：（1）债务履行期限届满，债权未实现；（2）抵押人被宣告破产或者解散；（3）当事人约定的实现抵押权的情形；（4）严重影响债权实现的其他情形。

8. 关于抵押权对新增建筑物的效力，以下说法正确的是：(　　)

A. 建设用地使用权抵押后，该土地上新增的建筑物不属于抵押财产

B. 建设用地使用权实现抵押权时，应当将该土地上新增的建筑物与建设用地使用权一并处分

C. 新增建筑物所得的价款，抵押权人无权优先受偿

D. 建设用地使用权抵押后，该土地上新增的建筑物属于抵押财产

9. 质押合同一般包括下列条款的有：(　　)

A. 担保的范围

B. 质押财产交付的时间、方式

C. 被担保债权的种类和数额

D. 债务人履行债务的期限

10. 关于质物返还及质权实现，以下说法正确的是：(　　)

A. 债务人履行债务或者出质人提前清偿所担保的债权的，质权人应当返还质押财产

B. 债务人不履行到期债务或者发生当事人约定的实现质权的情形，质权人可以与出质人协议以质押财产折价

C. 债务人不履行到期债务或者发生当事人约定的实现质权的情形，质权人可以就拍卖、变卖质押财产所得的价款优先受偿

D. 质押财产折价或者变卖的，应当参照市场价格

11. 关于以知识产权中的财产权出质的质权的设立及转让限制，以下说法正确的是：(　　)

A. 以注册商标专用权、专利权、著作权等知识产权中的财产权出质的，质权自办理出质登记时设立

B. 知识产权中的财产权出质后，出质人不得转让或者许可他人使用，但是出质人与质权人协商同意的除外

C. 出质人转让或者许可他人使用出质的知识产权中的财产权所得的价款，应当向质权人提前清偿债务

D. 出质人转让或者许可他人使用出质的知识产权中的财产权所得的价款，应当向质权人提存

8. ABC，解析：根据《民法典》第417条规定，建设用地使用权抵押后，该土地上新增的建筑物不属于抵押财产。该建设用地使用权实现抵押权时，应当将该土地上新增的建筑物与建设用地使用权一并处分。但是，新增建筑物所得的价款，抵押权人无权优先受偿。
9. ABCD，解析：根据《民法典》第427条规定，设立质权，当事人应当采用书面形式订立质押合同。质押合同一般包括下列条款：（1）被担保债权的种类和数额；（2）债务人履行债务的期限；（3）质押财产的名称、数量等情况；（4）担保的范围；（5）质押财产交付的时间、方式。
10. ABCD，解析：根据《民法典》第436条规定，债务人履行债务或者出质人提前清偿所担保的债权的，质权人应当返还质押财产。债务人不履行到期债务或者发生当事人约定的实现质权的情形，质权人可以与出质人协议以质押财产折价，也可以就拍卖、变卖质押财产所得的价款优先受偿。质押财产折价或者变卖的，应当参照市场价格。
11. ABCD，解析：根据《民法典》第444条规定，以注册商标专用权、专利权、著作权等知识产权中的财产权出质的，质权自办理出质登记时设立。知识产权中的财产权出质后，出质人不得转让或者许可他人使用，但是出质人与质权人协商同意的除外。出质人转让或者许可他人使用出质的知识产权中的财产权所得的价款，应当向质权人提前清偿债务或者提存。

12. 关于留置权债务人的债务履行期，以下说法正确的是：（　　）

A. 留置权人与债务人应当约定留置财产后的债务履行期限

B. 没有约定或者约定不明确的，留置权人应当给债务人60日以上履行债务的期限，但是鲜活易腐等不易保管的动产除外

C. 债务人逾期未履行的，留置权人可以与债务人协议以留置财产折价，也可以就拍卖、变卖留置财产所得的价款优先受偿

D. 留置财产折价或者变卖的，应当参照市场价格

四、填空题

1. 债权人在借贷、买卖等民事活动中，为保障实现其债权，需要担保的，可以依照《民法典》和其他法律的规定设立担保物权。第三人为债务人向债权人提供担保的，可以要求债务人提供____。
2. 第三人提供担保，未经其____，债权人允许债务人____的，担保人不再承担相应的担保责任。
3. 为担保债务的履行，债务人或者第三人____，将该财产抵押给债权人的，债务人不履行到期债务或者发生当事人约定的实现抵押权的情形，债权人有权就该财产____。
4. 以建筑物抵押的，该建筑物占用范围内的建设用地使用权____。
5. 抵押权人在债务履行期限届满前，与抵押人约定债务人不履行到期债务时抵押财产归债权人所有的，只能依法就抵押财产____。
6. 抵押权设立前，抵押财产已经出租并转移占有的，原租赁关系____。
7. 抵押财产折价或者拍卖、变卖后，其价款超过债权数额的部分归抵押人所有，不足部分由____。

12. ABCD，解析：根据《民法典》第 453 条规定，留置权人与债务人应当约定留置财产后的债务履行期限；没有约定或者约定不明确的，留置权人应当给债务人 60 日以上履行债务的期限，但是鲜活易腐等不易保管的动产除外。债务人逾期未履行的，留置权人可以与债务人协议以留置财产折价，也可以就拍卖、变卖留置财产所得的价款优先受偿。留置财产折价或者变卖的，应当参照市场价格。

四、填空题

1. 反担保。（《民法典》第 387 条）
2. 书面同意；转移全部或者部分债务。（《民法典》第 391 条）
3. 不转移财产的占有；优先受偿。（《民法典》第 394 条）
4. 一并抵押。（《民法典》第 397 条）
5. 优先受偿。（《民法典》第 401 条）
6. 不受该抵押权的影响。（《民法典》第 405 条）
7. 债务人清偿。（《民法典》第 413 条）

8. 动产抵押担保的主债权是抵押物的价款，标的物交付后____办理抵押登记的，该抵押权人____于抵押物买受人的其他担保物权人受偿，但是留置权人除外。

9. 建设用地使用权抵押后，该土地上新增的建筑物____抵押财产。该建设用地使用权实现抵押权时，应当将该土地上新增的建筑物与建设用地使用权一并处分，但是新增建筑物所得的价款，抵押权人无权____。

10. 抵押权人应当在____期间行使抵押权；未行使的，人民法院不予保护。

11. 质权人在质权存续期间，未经出质人同意，擅自____、____质押财产，造成出质人损害的，应当承担____。

12. 质权人在质权存续期间，未经出质人同意转质，造成质押财产毁损、灭失的，应当承担____。

13. 质押财产折价或者拍卖、变卖后，其价款超过债权数额的部分归____所有，不足部分由____清偿。

14. 债权人留置的动产，应当与债权属于____，但是____的除外。

15. 留置财产为____的，留置财产的价值应当相当于债务的金额。

16. 留置权人有权收取留置财产的____。前述孳息应当先充抵收取孳息的____。

17. 留置权人对留置财产____或者留置权人接受债务人____的，留置权消灭。

8. 10 日内；优先。（《民法典》第 416 条）
9. 不属于；优先受偿。（《民法典》第 417 条）
10. 主债权诉讼时效。（《民法典》第 419 条）
11. 使用；处分；赔偿责任。（《民法典》第 431 条）
12. 赔偿责任。（《民法典》第 434 条）
13. 出质人；债务人。（《民法典》第 438 条）
14. 同一法律关系；企业之间留置。（《民法典》第 448 条）
15. 可分物。（《民法典》第 450 条）
16. 孳息；费用。（《民法典》第 452 条）
17. 丧失占有；另行提供担保。（《民法典》第 457 条）

专题三

民事合同的点点滴滴

第一讲　合同的订立

一、判断题

1. 电子邮件形式可以视为书面形式。(　　)
2. 当事人订立合同，必须采用要约、承诺的方式。(　　)
3. 要约被拒绝，要约失效。(　　)
4. 承诺只能以通知的方式作出。(　　)
5. 承诺不可以撤回。(　　)
6. 承诺发生的地点为合同成立的起点。(　　)
7. 国家根据需要下达指令性任务或者国家订货任务的，有关民事主体之间可以依照有关法律、行政法规、规章规定的权利和义务订立合同。(　　)

二、单项选择题

1. 订立合同可以用以下哪种形式？(　　)

   A. 信件　　B. 电子邮件

   C. 口头　　D. 以上都对

2. 以下属于要约的是：(　　)

   A. 寄送的价目表

   B. 招股说明书

   C. 某已处于运营中的自动售货机，投入 1 元硬币，则自动送出 1 杯可乐

   D. 拍卖公告

参考答案

一、判断题

1. √，解析：《民法典》第469条规定。
2. ×，解析：《民法典》第471条规定，当事人订立合同，可以采取要约、承诺方式或者其他方式。
3. √，解析：《民法典》第478条规定。
4. ×，解析：《民法典》第480条规定，承诺应当以通知的方式作出；但是，根据交易习惯或者要约表明可以通过行为作出承诺的除外。
5. ×，解析：《民法典》第485条规定，承诺可以撤回。承诺的撤回适用本法第141条的规定。
6. ×，解析：《民法典》第492条规定，承诺生效的地点为合同成立的地点。
7. ×，解析：《民法典》第494条规定，国家根据抢险救灾、疫情防控或者其他需要下达国家订货任务、指令性任务的，有关民事主体之间应当依照有关法律、行政法规规定的权利和义务订立合同。

二、单项选择题

1. D，解析：《民法典》第469条规定，当事人订立合同，可以采用书面形式、口头形式或者其他形式。书面形式是合同书、信件、电报、电传、传真等可以有形地表现所载内容的形式。以电子数据交换、电子邮件等方式能够有形地表现所载内容，并可以随时调取查用的数据电文，视为书面形式。
2. C，解析：《民法典》第472条规定，要约是希望与他人订立合同的意思表示。C正确，ABD为要约邀请。

3. 小明去某名牌包店买包，试了 5 款之后对店员甲说要买，店员甲因为在接待别的顾客没有听到，等了一会儿店员乙转告给店员甲，小明买包的要约生效时间是：(　　)

A. 小明进店的时候　　B. 小明试包的时候

C. 小明说要买的时候　　D. 店员乙转告给店员甲的时候

4. 承诺是受要约人(　　)要约的意思表示。

A. 收到　　B. 质疑

C. 理解　　D. 同意

5. 以对话方式作出的承诺何时生效？(　　)

A. 承诺发出　　B. 相对人收到其内容

C. 承诺到达　　D. 相对人知道其内容

6. 以下属于新要约的是：(　　)

A. 招股书　　B. 招标书

C. 自动贩卖机买汽水　　D. 变更买卖价款

7. 合同成立的地点为：(　　)

A. 要约生效的地点　　B. 承诺发出的地点

C. 要约邀请生效的地点　　D. 承诺生效的地点

8. 当事人约定在将来一定期限内订立合同的认购书、订购书、预订书、意向书等，构成(　　)

A. 要约　　B. 要约邀请

C. 格式合同　　D. 预约合同

三、多项选择题

1. 以下属于要约邀请的有：(　　)

A. 拍卖公告　　B. 招股说明书

C. 招标公告　　D. 售房广告

3. D，解析：《民法典》第474条规定，要约生效的时间适用本法第137条的规定。《民法典》第137条规定，以对话方式作出的意思表示，相对人知道其内容时生效。
4. D，解析：《民法典》第479条规定，承诺是受要约人同意要约的意思表示。
5. D，解析：《民法典》第484条规定，以通知方式作出的承诺，生效的时间适用本法第137条的规定。《民法典》第137条规定，以对话方式作出的意思表示，相对人知道其内容时生效。
6. D，解析：《民法典》第488条规定，承诺的内容应当与要约的内容一致。受要约人对要约的内容作出实质性变更的，为新要约。有关合同标的、数量、质量、价款或者报酬、履行期限、履行地点和方式、违约责任和解决争议方法等的变更，是对要约内容的实质性变更。
7. D，解析：《民法典》第492规定，承诺生效的地点为合同成立的地点。
8. D，解析：《民法典》第495条规定，当事人约定在将来一定期限内订立合同的认购书、订购书、预订书、意向书等，构成预约合同。

三、多项选择题

1. ABCD，解析：《民法典》第473条规定，要约邀请是希望他人向自己发出要约的表示。拍卖公告、招标公告、招股说明书、债券募集办法、基金招募说明书、商业广告和宣传、寄送的价目表等为要约邀请。ABCD正确。

2. 关于要约，下列说法正确的是：(　　)

A. 要约一旦发出不可以撤回

B. 要约可以撤回

C. 撤回要约的通知可以与要约同时到达相对人

D. 撤回要约的通知必须在要约到达相对人之前才有效

3. 关于承诺，下列说法正确的是：(　　)

A. 承诺可以超越要约确定的期限内到达要约人

B. 承诺应当在要约确定的期限内到达要约人

C. 要约以对话方式作出的，应当即时作出承诺

D. 要约以非对话方式作出的，承诺应当在合理期限内到达

4. 以下哪些选项为新要约？(　　)

A. 招标公告　　B. 广告

C. 变更合同标的　　D. 变更报酬

5. 受要约人在承诺期限内发出承诺的，下列说法不正确的是：(　　)

A. 该承诺为有效承诺

B. 除要约人通知受要约人该承诺有效的以外，为新要约

C. 该承诺一律为新要约

D. 除要约人及时反对的外，该承诺有效

6. 以下合同成立的有：(　　)

A. 甲乙双方采用信件形式订立合同，并要求签订确认书，合同自签订确认书时成立

B. 甲乙双方采用数据电文形式订立合同，并要求签订确认书，合同自签订确认书时成立

C. 甲在互联网发布的商品信息且符合要约条件，乙选择甲发布的商品并提交订单，在订单提交成功时合同成立

D. 甲在互联网发布的服务信息且符合要约条件，乙选择甲发布的服务并提交订单，在订单提交成功时合同成立

2. BC，解析：《民法典》第 475 条规定，要约可以撤回。要约的撤回适用本法第 141 条的规定。因此 B 正确。《民法典》第 141 条规定，行为人可以撤回意思表示。撤回意思表示的通知应当在意思表示到达相对人前或者与意思表示同时到达相对人。因此 C 正确。
3. BCD，解析：《民法典》第 481 条规定，承诺应当在要约确定的期限内到达要约人。要约没有确定承诺期限的，承诺应当依照下列规定到达：（1）要约以对话方式作出的，应当即时作出承诺；（2）要约以非对话方式作出的，承诺应当在合理期限内到达。
4. CD，解析：《民法典》第 486 条规定，受要约人超过承诺期限发出承诺，或者在承诺期限内发出承诺，按照通常情形不能及时到达要约人的，为新要约。《民法典》第 488 条规定，承诺的内容应当与要约的内容一致。受要约人对要约的内容作出实质性变更的，为新要约。有关合同标的、数量、质量、价款或者报酬、履行期限、履行地点和方式、违约责任和解决争议方法等的变更，是对要约内容的实质性变更。
5. ABC，解析：《民法典》第 487 条规定，受要约人在承诺期限内发出承诺，按照通常情形能够及时到达要约人，但是因其他原因致使承诺到达要约人时超过承诺期限的，除要约人及时通知受要约人因承诺超过期限不接受该承诺外，该承诺有效。
6. ABCD，解析：《民法典》第 491 条规定，当事人采用信件、数据电文等形式订立合同要求签订确认书的，签订确认书时合同成立。当事人一方通过互联网等信息网络发布的商品或者服务信息符合要约条件的，对方选择该商品或者服务并提交订单成功时合同成立，但是当事人另有约定的除外。

7. 在下列情形中，属于格式条款无效的有：（　　）

A. 提供格式条款方免除其责任　　B. 提供格式条款方加重对方责任

C. 提供格式条款方排除对方主要权利　D. 对格式条款的理解发生争议

8. 当事人在订立合同过程中有下列哪些情形，造成对方损失的，应当承担赔偿责任：（　　）

A. 假借订立合同，恶意进行磋商

B. 故意隐瞒与订立合同有关的重要事实或者提供虚假情况

C. 过失隐瞒与订立合同有关的重要事实或者提供虚假情况

D. 隐瞒非重要事实

四、填空题

1. 当事人订立合同，可以采用____形式、____形式或者其他形式。书面形式是合同书、信件、电报、电传、传真等可以____地表现所载内容的形式。

2. 当事人订立合同，可以采取____、____方式或者其他方式。

3. 要约邀请是____他人向自己发出____的表示。

4. 承诺应当以____的方式作出；但是，根据交易习惯或者要约表明可以通过____作出承诺的除外。

5. 要约以____、____、____等快速通讯方式作出的，承诺期限自要约____时开始计算。

6. 承诺的内容应当与要约的内容____。受要约人对要约的内容作出实质性变更的，为____。

7. 当事人约定在将来一定期限内订立合同的认购书、订购书、预订书、意向书等，构成____。

8. ____是当事人为了重复使用而预先拟定，并在订立合同时未与对方协商的条款。

9. 悬赏人以____对完成特定行为的人支付报酬的，完成该行为的人可以请求其支付。

7. ABC，解析：《民法典》第497条规定，有下列情形之一的，该格式条款无效：（1）具有本法第一编第六章第三节和本法第506条规定的无效情形；（2）提供格式条款一方不合理地免除或者减轻其责任、加重对方责任、限制对方主要权利；（3）提供格式条款一方排除对方主要权利。
8. AB，解析：《民法典》第500条规定，当事人在订立合同过程中有下列情形之一，造成对方损失的，应当承担赔偿责任：（1）假借订立合同，恶意进行磋商；（2）故意隐瞒与订立合同有关的重要事实或者提供虚假情况；（3）有其他违背诚信原则的行为。

四、填空题

1. 书面；口头；有形。(《民法典》第469条)
2. 要约；承诺。(《民法典》第471条)
3. 希望；要约。(《民法典》第473条)
4. 通知；行为。(《民法典》第480条)
5. 电话；传真；电子邮件；到达受要约人。(《民法典》第482条)
6. 一致；新要约。(《民法典》第488条)
7. 预约合同。(《民法典》第495条)
8. 格式条款。(《民法典》第496条)
9. 公开方式声明。(《民法典》第499条)

第二讲　合同的效力

一、判断题

1. 依法成立的合同，自成立时生效。(　　)
2. 法人的法定代表人或者非法人组织的负责人超越权限订立的合同，该合同对法人或者非法人组织发生效力。(　　)
3. 当事人超越经营范围订立的合同的效力，仅以超越经营范围确认合同无效。(　　)
4. 造成人身损害的免责条款无效。(　　)
5. 合同不生效、无效、被撤销或者终止的，会影响合同中有关解决争议方法的条款的效力。(　　)
6. 本编对合同的效力没有规定的，适用本法关于民事法律行为效力的有关规定。(　　)

二、单项选择题

1. 法人的法定代表人超越权限订立的合同的效力为：(　　)

   A. 绝对有效

   B. 绝对无效

   C. 除相对人知道或应当知道其超越权限外，订立的合同对法人发生效力

   D. 法人不追认的，对法人无效

2. 以下不属于合同中免责条款无效的有：(　　)

   A. 造成对方人身伤害的　　B. 因故意造成对方财产损失的

   C. 因过失造成对方财产损失的　　D. 因重大过失造成对方财产损失的

参考答案

一、判断题

1. √，解析：《民法典》第 502 条规定。
2. ×，解析：《民法典》第 504 条规定，法人的法定代表人或者非法人组织的负责人超越权限订立的合同，除相对人知道或者应当知道其超越权限外，该代表行为有效，订立的合同对法人或者非法人组织发生效力。
3. ×，解析：《民法典》第 505 条规定，当事人超越经营范围订立的合同的效力，应当依照本法第一编第六章第三节和本编的有关规定确定，不得仅以超越经营范围确认合同无效。
4. √，解析：《民法典》第 506 条规定。
5. ×，解析：《民法典》第 507 条规定，合同不生效、无效、被撤销或者终止的，不影响合同中有关解决争议方法的条款的效力。
6. √，解析：《民法典》第 508 条规定。

二、单项选择题

1. C，解析：《民法典》第 504 条规定，法人的法定代表人或者非法人组织的负责人超越权限订立的合同，除相对人知道或者应当知道其超越权限外，该代表行为有效，订立的合同对法人或者非法人组织发生效力。
2. C，解析：《民法典》第 506 条规定，合同中的下列免责条款无效：（1）造成对方人身损害的；（2）因故意或者重大过失造成对方财产损失的。

三、多项选择题

1. 关于合同成立，下列说法正确的是：（　　）

   A. 依法成立的合同，自成立时生效，但是法律另有规定或者当事人另有约定的除外

   B. 依照法律、行政法规的规定，合同应当办理批准等手续的，依照其规定

   C. 未办理批准等手续影响合同生效的，不影响合同中履行报批等义务条款以及相关条款的效力

   D. 应当办理申请批准等手续的当事人未履行义务的，对方可以请求其承担违反该义务的责任

2. 无权代理人以被代理人的名义订立合同，被代理人（　　）的，视为对合同的追认。

   A. 已经开始履行合同义务　　B. 接受相对人履行

   C. 拒绝履行合同　　D. 拒绝相对人履行

3. 以下哪些情况，不影响合同中有关解决争议方法的条款的效力？（　　）

   A. 合同不生效　　B. 合同无效

   C. 合同被撤销　　D. 合同终止

四、填空题

1. 无权代理人以被代理人的名义订立合同，被代理人已经开始履行合同义务或者接受相对人履行的，视为对合同的____。

2. 合同中的下列免责条款无效：（1）造成对方____的；（2）因故意或者重大过失造成对方____的。

三、多项选择题

1. ABCD，解析：《民法典》第502条规定，依法成立的合同，自成立时生效，但是法律另有规定或者当事人另有约定的除外。依照法律、行政法规的规定，合同应当办理批准等手续的，依照其规定。未办理批准等手续影响合同生效的，不影响合同中履行报批等义务条款以及相关条款的效力。应当办理申请批准等手续的当事人未履行义务的，对方可以请求其承担违反该义务的责任。
2. AB，解析：《民法典》第503条规定，无权代理人以被代理人的名义订立合同，被代理人已经开始履行合同义务或者接受相对人履行的，视为对合同的追认。
3. ABCD，解析：《民法典》第507条规定，合同不生效、无效、被撤销或者终止的，不影响合同中有关解决争议方法的条款的效力。

四、填空题

1. 追认。(《民法典》第503条)
2. 人身损害；财产损失。(《民法典》第506条)

第三讲　合同的履行

一、判断题

1. 当事人应当遵循经济合理原则，根据合同的性质、目的和交易习惯履行通知、协助、保密等义务。(　　)
2. 执行政府定价或者政府指导价的，在合同约定的交付期限内政府价格调整时，按照合同签订时的原价格计价。(　　)
3. 债权人为二人以上，标的可分，按照份额共同享有债权的，为按份债权。(　　)
4. 部分连带债务人履行、抵销债务或者提存标的物的，其他债务人对债权人的债务消灭。(　　)
5. 债务人不履行债务，第三人对履行该债务具有合法利益的，第三人有权向债权人代为履行。(　　)
6. 当事人因行使不安抗辩权中止履行的，应当及时通知对方。(　　)

二、单项选择题

1. 关于选择之债中当事人行使选择权，下列说法正确的是：(　　)

   A. 当事人行使选择权应当及时通知对方，通知到达对方时，债务标的确定

   B. 当事人行使选择权应当书面通知对方，通知到达对方时，债务标的确定

   C. 当事人行使选择权应当及时通知对方，通知发出时，债务标的确定

   D. 当事人行使选择权应当书面通知对方，通知发出时，债务标的确定

参考答案

一、判断题

1. ×，解析：《民法典》第509条规定，当事人应当遵循诚信原则，根据合同的性质、目的和交易习惯履行通知、协助、保密等义务。
2. ×，解析：《民法典》第513条。
3. ×，解析：《民法典》第517条。
4. ×，解析：《民法典》第520条规定，部分连带债务人履行、抵销债务或者提存标的物的，其他债务人对债权人的债务在相应范围内消灭。
5. √，解析：《民法典》第524条。
6. √，解析：《民法典》第528条。

二、单项选择题

1. A，解析：《民法典》第516条规定，当事人行使选择权应当及时通知对方，通知到达对方时，债务标的确定。标的确定后不得变更，但是经对方同意的除外。可选择的标的之中发生不能履行情形的，享有选择权的当事人不得选择不能履行的标的，但是该不能履行的情形是由对方造成的除外。

2. 部分连带债务人实施以下哪一行为，其他债务人对债权人的债务在相应范围内不消灭？（　　）

A. 履行　　B. 抵销债务

C. 提存标的物　　D. 提供担保

3. 债务人不履行债务，第三人对履行该债务具有合法利益，第三人有权向债权人代为履行的除外情形不包括：（　　）

A. 根据债务性质只能由债务人履行

B. 按照当事人约定只能由债务人履行

C. 依照法律规定只能由债务人履行

D. 按照交易习惯只能由债务人履行

4. 当事人行使不安抗辩权中止履行后，对方在合理期限内（　　）的，视为以自己的行为表明不履行合同主要义务，中止履行的一方可以解除合同并可以请求对方承担违约责任。

A. 未恢复适当履行能力且未提供适当担保

B. 未恢复履行能力且未提供担保

C. 未恢复适当履行能力且未提供担保

D. 未恢复履行能力且未提供适当担保

5. 下列关于部分履行债务的说法，正确的是：（　　）

A. 债权人可以拒绝债务人部分履行债务，但是部分履行不损害债权人利益的除外

B. 债权人不得拒绝债务人部分履行债务

C. 债务人部分履行债务给债权人增加的费用，由债权人负担

D. 债务人部分履行债务给债权人增加的费用，由债权人和债务人共同负担

2. D，解析：《民法典》第520条规定，部分连带债务人履行、抵销债务或者提存标的物的，其他债务人对债权人的债务在相应范围内消灭。

3. D，解析：《民法典》第524条第1款规定，债务人不履行债务，第三人对履行该债务具有合法利益的，第三人有权向债权人代为履行；但是，根据债务性质、按照当事人约定或者依照法律规定只能由债务人履行的除外。

4. D，解析：《民法典》第528条规定，当事人依据前条规定中止履行的，应当及时通知对方。对方提供适当担保的，应当恢复履行。中止履行后，对方在合理期限内未恢复履行能力且未提供适当担保的，视为以自己的行为表明不履行主要债务，中止履行的一方可以解除合同并可以请求对方承担违约责任。

5. A，解析：《民法典》第531条规定，债权人可以拒绝债务人部分履行债务，但是部分履行不损害债权人利益的除外。债务人部分履行债务给债权人增加的费用，由债务人负担。

三、多项选择题

1. 合同生效后，当事人就质量、价款或者报酬、履行地点等内容没有约定或者约定不明确的，可以以协议补充；不能达成补充协议的，按照(　　)确定。

A. 合同有关条款　　B. 合同性质

C. 合同目的　　D. 交易习惯

2. 执行政府定价或政府指导价，如逾期交付标的物，则下列选项错误的是：(　　)

A. 按照交付标的物时的价格计价

B. 仍然按照合同签订时的价格计价

C. 价格上涨时按新价格执行

D. 价格下降时按原价格执行

3. 关于连带债权和连带债权人，下列说法错误的是：(　　)

A. 连带债权人之间的份额难以确定的，视为份额相同

B. 实际受领债权的连带债权人，应当按约定向其他连带债权人返还

C. 实际受领债权的连带债权人，应当按比例向其他连带债权人返还

D. 部分连带债权人免除债务人债务的，其他连带债权人的债权不受影响

4. 关于同时履行抗辩权，以下表述正确的是：(　　)

A. 当事人互负债务，没有先后履行顺序的，应当同时履行

B. 一方在对方履行之前有权拒绝其履行请求

C. 一方在对方履行债务不符合约定时，有权拒绝其相应的履行请求

D. 先履行一方履行债务不符合约定的，后履行一方有权拒绝其相应的履行请求

三、多项选择题

1. AD，解析：《民法典》第 510 条规定，合同生效后，当事人就质量、价款或者报酬、履行地点等内容没有约定或者约定不明确的，可以协议补充；不能达成补充协议的，按照合同相关条款或者交易习惯确定。
2. ABCD，解析：《民法典》第 513 条规定，执行政府定价或者政府指导价的，在合同约定的交付期限内政府价格调整时，按照交付时的价格计价。逾期交付标的物的，遇价格上涨时，按照原价格执行；价格下降时，按照新价格执行。
3. BD，解析：《民法典》第 521 条规定，连带债权人之间的份额难以确定的，视为份额相同。实际受领债权的连带债权人，应当按比例向其他连带债权人返还。连带债权参照适用本章连带债务的有关规定。
4. ABC，解析：《民法典》第 525 条规定，当事人互负债务，没有先后履行顺序的，应当同时履行。一方在对方履行之前有权拒绝其履行请求。一方在对方履行债务不符合约定时，有权拒绝其相应的履行请求。

5. 债权人分立、合并或者变更住所没有通知债务人，致使履行债务发生困难的，债务人可以(　　)。

A. 中止履行　　B. 终止履行

C. 将标的物留置　　D. 将标的物提存

6. 对当事人利用合同实施的哪些行为，市场监督管理和其他有关行政主管部门依照法律、行政法规的规定负责监督处理？(　　)

A. 危害国家利益的行为　　B. 危害个人利益的行为

C. 危害社会公共利益的行为　　D. 危害企业利益的行为

四、填空题

1. 合同生效后，当事人就质量、价款或者报酬、履行地点等内容没有约定或者约定不明确的，可以____。
2. 以支付金钱为内容的债，除法律另有规定或者当事人另有约定外，债权人可以请求债务人以____的法定货币履行。
3. 连带债权或者连带债务，由____或者____。
4. 当事人约定由第三人向债权人履行债务，第三人不履行债务或者履行债务不符合约定的，____应当向____承担违约责任。
5. 当事人没有____中止履行的，应当承担违约责任。
6. ____后，当事人不得因姓名、名称的变更或者法定代表人、负责人、承办人的变动而不履行合同义务。

5. AD，解析：《民法典》第529条规定，债权人分立、合并或者变更住所没有通知债务人，致使履行债务发生困难的，债务人可以中止履行或者将标的物提存。

6. AC，解析：《民法典》第534条规定，对当事人利用合同实施危害国家利益、社会公共利益行为的，市场监督管理和其他有关行政主管部门依照法律、行政法规的规定负责监督处理。

四、填空题

1. 协议补充。(《民法典》第510条)
2. 实际履行地。(《民法典》第514条)
3. 法律规定；当事人约定。(《民法典》第518条)
4. 债务人；债权人。(《民法典》第523条)
5. 确切证据。(《民法典》第527条)
6. 合同生效。(《民法典》第532条)

第四讲　合同的保全

一、判断题

1. 债权人行使代位权所支出的费用，由债务人负担。(　　)
2. 人民法院认定代位权成立的，由债务人的相对人向债权人履行义务，债权人接受履行后，债权人与债务人、债务人与相对人之间相应的权利义务中止。(　　)
3. 自债务人的行为发生之日起 3 年内没有行使撤销权的，该撤销权消灭。(　　)

二、单项选择题

1. 人民法院认定代位权成立的，由(　　)向债权人履行义务。

A. 债权人的相对人　　B. 债务人的相对人

C. 第三人　　D. 债务人

2. 撤销权的行使范围以(　　)为限。

A. 相对人的债权　　B. 债务人的债务

C. 债权人的债权　　D. 相对人的债务

3. 撤销权自债权人知道或者应当知道撤销事由之日起(　　)年内行使。

A. 1　　B. 2　　C. 3　　D. 4

4. 债务人影响债权人的债权实现的行为被撤销的，(　　)没有法律约束力。

A. 自始　　B. 自被宣告撤销之日起

C. 自判决生效之日起　　D. 自判决送达之日起

参考答案

一、判断题

1. ×，解析：《民法典》第 535 条规定，债权人行使代位权的必要费用，由债务人负担。
2. ×，解析：《民法典》第 537 条规定，人民法院认定代位权成立的，由债务人的相对人向债权人履行义务，债权人接受履行后，债权人与债务人、债务人与相对人之间相应的权利义务终止。
3. ×，解析：《民法典》第 541 条规定，自债务人的行为发生之日起 5 年内没有行使撤销权的，该撤销权消灭。

二、单项选择题

1. B，解析：《民法典》第 537 条规定，人民法院认定代位权成立的，由债务人的相对人向债权人履行义务，债权人接受履行后，债权人与债务人、债务人与相对人之间相应的权利义务终止。
2. C，解析：《民法典》第 540 条规定，撤销权的行使范围以债权人的债权为限。债权人行使撤销权的必要费用，由债务人负担。
3. A，解析：《民法典》第 541 条规定，撤销权自债权人知道或者应当知道撤销事由之日起 1 年内行使。
4. A，解析：《民法典》第 542 条规定，债务人影响债权人的债权实现的行为被撤销的，自始没有法律约束力。

三、多项选择题

1. 债权人的债权到期前，债务人的债权或者与该债权有关的从权利存在诉讼时效期间即将届满或者未及时申报破产债权等情形，影响债权人的债权实现的，债权人可以代位向债务人的相对人请求如何处理？(　　)

A. 向债务人履行　　B. 向破产管理人申报

C. 向债权人履行　　D. 作出其他必要的行为

2. 债务人以(　　)等方式无偿处分财产权益，或者恶意延长其到期债权的履行期限，影响债权人的债权实现的，债权人可以请求人民法院撤销债务人的行为。

A. 放弃其债权　　B. 放弃债权担保

C. 无偿转让财产　　D. 有偿转让财产

3. 债务人采取以下哪些行为，影响债权人的债权实现，债务人的相对人知道或者应当知道该情形的，债权人可以请求人民法院撤销债务人的行为？(　　)

A. 以明显不合理的低价转让财产

B. 为自己的债务提供担保

C. 以明显不合理的高价受让他人财产

D. 为他人的债务提供担保

四、填空题

1. 债务人无偿处分财产权益，或者____延长其____债权的履行期限，影响债权人的债权实现的，债权人可以请求人民法院____债务人的行为。

2. 撤销权的行使范围以____为限。债权人行使撤销权的必要费用，由____负担。

3. 债务人影响债权人的债权实现的行为被撤销的，____没有法律约束力。

三、多项选择题

1. ABD，解析：《民法典》第 536 条规定，债权人的债权到期前，债务人的债权或者与该债权有关的从权利存在诉讼时效期间即将届满或者未及时申报破产债权等情形，影响债权人的债权实现的，债权人可以代位向债务人的相对人请求其向债务人履行、向破产管理人申报或者作出其他必要的行为。
2. ABC，解析：《民法典》第 538 条规定，债务人以放弃其债权、放弃债权担保、无偿转让财产等方式无偿处分财产权益，或者恶意延长其到期债权的履行期限，影响债权人的债权实现的，债权人可以请求人民法院撤销债务人的行为。
3. ACD，解析：《民法典》第 539 条规定，债务人以明显不合理的低价转让财产、以明显不合理的高价受让他人财产或者为他人的债务提供担保，影响债权人的债权实现，债务人的相对人知道或者应当知道该情形的，债权人可以请求人民法院撤销债务人的行为。

四、填空题

1. 恶意；到期；撤销。（《民法典》第 538 条）
2. 债权人的债权；债务人。（《民法典》第 540 条）
3. 自始。（《民法典》第 542 条）

第五讲 合同的变更、转让、终止

一、判断题

1. 当事人协商一致，可以变更合同。(　　)
2. 债务人接到债权转让通知后，债务人对让与人的抗辩，可以向受让人主张。(　　)
3. 债务人将债务的全部或者部分转移给第三人的，应当经债权人同意。(　　)
4. 当事人一方经对方同意，可以将自己在合同中的权利和义务一并转让给第三人。(　　)
5. 债权债务终止后，当事人应当遵循诚信等原则，根据交易习惯履行通知、协助、保密、旧物回收等义务。(　　)
6. 实现债权的有关费用由债权人承担。(　　)
7. 当事人一方依法主张解除合同的，应当通知对方。(　　)
8. 当事人互负债务，标的物种类、品质不相同的，不得抵销。(　　)
9. 标的物提存后，毁损、灭失的风险由债权人承担。(　　)

二、单项选择题

1. 关于债权转让，以下表述正确的是：(　　)
   A. 债权转让的通知不得撤销，但是经债务人同意的除外
   B. 债务人接到债权转让通知后，债务人对让与人的抗辩，可以向受让人主张
   C. 债务人的债权与转让的债权属于同类合同的，债务人可以向受让人主张抵销
   D. 因债权转让增加的履行费用，由受让人负担

参考答案

一、判断题

1. √，解析：《民法典》第543条。
2. √，解析：《民法典》第548条。
3. √，解析：《民法典》第551条。
4. √，解析：《民法典》第555条。
5. √，解析：《民法典》第558条。
6. ×，解析：《民法典》第561条规定，债务人在履行主债务外还应当支付利息和实现债权的有关费用，其给付不足以清偿全部债务的，除当事人另有约定外，应当按照下列顺序履行：（1）实现债权的有关费用；（2）利息；（3）主债务。
7. √，解析：《民法典》第565条。
8. ×，解析：《民法典》第569条规定，当事人互负债务，标的物种类、品质不相同的，经协商一致，也可以抵销。
9. √，解析：《民法典》第573条。

二、单项选择题

1. B，解析：《民法典》第546条第2款规定，债权转让的通知不得撤销，但是经受让人同意的除外。《民法典》第548条规定，债务人接到债权转让通知后，债务人对让与人的抗辩，可以向受让人主张。《民法典》549条第2项规定，债务人的债权与转让的债权是基于同一合同产生的，债务人可以向受让人主张抵销。《民法典》第550条规定，因债权转让增加的履行费用，由让与人负担。

2. 债权债务终止后，当事人应当遵循诚实信用等原则，根据(　　)履行通知、协助、保密、旧物回收等义务。

A. 法律　　B. 行政法规

C. 当事人约定　　D. 交易习惯

3. 债务人除主债务之外还应当支付利息和费用，当其给付不足以清偿全部债务时，并且当事人没有约定的，人民法院应当按照某一顺序抵充，其中最优先的是：(　　)

A. 利息　　B. 主债务

C. 实现债权的有关费用　　D. 均优先，按照比例清偿

4. 当事人一方依法主张解除合同的，下列表述错误的是：(　　)

A. 应当通知对方，合同自通知到达对方时解除

B. 应当通知对方，合同自通知发出时解除

C. 对方有异议的，可以请求人民法院确认解除合同的效力

D. 对方有异议的，可以请求仲裁机构确认解除合同的效力

5. 债权人可随时领取提存物，其领取提存物的权利，自提存之日起(　　)内不行使而消灭。

A. 3 年　　B. 1 年　　C. 2 个月　　D. 5 年

三、多项选择题

1. 关于合同变更，以下表述正确的是：(　　)

A. 当事人协商一致，可以变更合同

B. 债权人向债务人发出变更合同通知的，可以变更合同

C. 债务人向债权人发出变更合同通知的，可以变更合同

D. 当事人对合同变更的内容约定不明确的，推定为未变更

2. D，解析：《民法典》第558条规定，债权债务终止后，当事人应当遵循诚信等原则，根据交易习惯履行通知、协助、保密、旧物回收等义务。
3. C，解析：《民法典》第561条规定，债务人在履行主债务外还应当支付利息和实现债权的有关费用，其给付不足以清偿全部债务的，除当事人另有约定外，应当按照下列顺序履行：（1）实现债权的有关费用；（2）利息；（3）主债务。
4. B，解析：《民法典》第565条规定，当事人一方依法主张解除合同的，应当通知对方。合同自通知到达对方时解除；通知载明债务人在一定期限内不履行债务则合同自动解除，债务人在该期限内未履行债务的，合同自通知载明的期限届满时解除。对方对解除合同有异议的，任何一方当事人均可以请求人民法院或者仲裁机构确认解除行为的效力。
5. D，解析：《民法典》第574条第2款规定，债权人领取提存物的权利，自提存之日起5年内不行使而消灭，提存物扣除提存费用后归国家所有。

三、多项选择题

1. AD，解析：《民法典》第543条规定，当事人协商一致，可以变更合同。《民法典》第544条规定，当事人对合同变更的内容约定不明确的，推定为未变更。

2. 关于债权人将债权的全部或者部分转让给第三人，下列说法正确的是：（　　）

A. 根据债权性质不得转让的除外

B. 按照当事人约定不得转让的除外

C. 依照法律规定不得转让的除外

D. 当事人约定非金钱债权不得转让的，不得对抗善意第三人

3. 有下列哪些情形债务人可以向受让人主张抵销：（　　）

A. 债务人接到债权转让通知时，债务人对让与人享有债权，并且债务人的债权先于转让的债权到期或者同时到期

B. 债务人的债权与转让的债权基于同一合同产生

C. 债务人的债权与转让的债权基于同种合同产生

D. 债务人接到债权转让通知时，债务人对让与人享有债权，或者债务人的债权先于转让的债权到期或者同时到期

4. 以下关于债务转移的表述，正确的是：（　　）

A. 债务人转移债务的，新债务人不得主张原债务人对债权人的抗辩

B. 债务人转移债务的，新债务人可以主张原债务人对债权人的抗辩

C. 原债务人对债权人享有债权的，新债务人不得向债权人主张抵销

D. 原债务人对债权人享有债权的，新债务人可以向债权人主张抵销

5. 法律没有规定或者当事人没有约定解除权行使期限，（　　），该权利消灭。

A. 自解除权人知道或者应当知道解除事由之日起 1 年内不行使

B. 自解除权人知道或者应当知道解除事由之日起 2 年内不行使

C. 解除权人经对方催告后在合理期限内不行使

D. 解除权人在不合理期限内不行使

6. 关于合同的权利义务关系终止对合同条款效力，表述正确的是：（　　）

A. 不影响合同中结算条款的效力

B. 不影响合同中清理条款的效力

C. 合同中结算条款相应终止

D. 合同中清理条款相应终止

2. ABCD，解析：《民法典》第 545 条规定，债权人可以将债权的全部或者部分转让给第三人，但是有下列情形之一的除外：（1）根据债权性质不得转让；（2）按照当事人约定不得转让；（3）依照法律规定不得转让。当事人约定非金钱债权不得转让的，不得对抗善意第三人。当事人约定金钱债权不得转让的，不得对抗第三人。

3. AB，解析：《民法典》第 549 条规定，有下列情形之一的，债务人可以向受让人主张抵销：（1）债务人接到债权转让通知时，债务人对让与人享有债权，且债务人的债权先于转让的债权到期或者同时到期；（2）债务人的债权与转让的债权是基于同一合同产生。

4. BC，解析：《民法典》第 553 条规定，债务人转移债务的，新债务人可以主张原债务人对债权人的抗辩；原债务人对债权人享有债权的，新债务人不得向债权人主张抵销。

5. AC，解析：《民法典》第 564 条规定，法律没有规定或者当事人没有约定解除权行使期限，自解除权人知道或者应当知道解除事由之日起 1 年内不行使，或者经对方催告后在合理期限内不行使的，该权利消灭。

6. AB，解析：《民法典》第 567 条规定，合同的权利义务关系终止，不影响合同中结算和清理条款的效力。

7. 标的物提存后，债务人应当及时通知债权人或者（　　）。

A. 债权人的继承人　　B. 遗产管理人

C. 监护人　　D. 财产代管人

四、填空题

1. 当事人约定非金钱债权不得转让的，不得对抗____。当事人约定金钱债权不得转让的，不得对抗____。
2. 债务人的债权与转让的债权是基于____产生，债务人可以向受让人主张抵销。
3. 债务人转移债务的，新债务人不应当承担与____，但该从债务专属于原债务人自身的除外。
4. 债权债务终止时，债权的____同时消灭。
5. 法律没有规定或者当事人没有约定解除权行使期限，自解除权人知道或者应当知道解除事由之日起____年内不行使，或者经对方催告后在____内不行使的，该权利消灭。
6. 当事人互负债务，该债务的标的物种类、品质相同的，任何一方可以将自己的债务与对方的____抵销。
7. 标的物提存后，债务人应当及时通知____或者债权人的继承人、遗产管理人、监护人、财产代管人。
8. 债权人免除债务人部分或者全部债务的，债权债务部分或者全部____，但是债务人在合理期限内____的除外。

7. ABCD，解析：《民法典》第 572 条规定，标的物提存后，债务人应当及时通知债权人或者债权人的继承人、遗产管理人、监护人、财产代管人。

四、填空题

1. 善意第三人；第三人。（《民法典》第 545 条）
2. 同一合同。（《民法典》第 549 条）
3. 主债务有关的从债务。（《民法典》第 554 条）
4. 从权利。（《民法典》第 559 条）
5. 1；合理期限。（《民法典》第 564 条）
6. 到期债务。（《民法典》第 568 条）
7. 债权人。（《民法典》第 572 条）
8. 终止；拒绝。（《民法典》第 575 条）

第六讲　违约责任

一、判断题

1. 当事人一方明确表示或者以自己的行为表明不履行合同义务的，对方可以在履行期限届满前请求其承担违约责任。(　　)
2. 出现不能强制继续履行非金钱债务的法定情形，致使不能实现合同目的，人民法院或者仲裁机构可以根据当事人的请求终止合同权利义务关系，并免除违约责任的承担。(　　)
3. 履行不符合约定的，应当按照当事人的约定承担缔约过失责任。(　　)
4. 当事人就迟延履行约定违约金的，违约方支付违约金后，还应当履行债务。(　　)
5. 当事人可以约定一方向对方给付订金作为债权的担保。订金合同自实际交付订金时生效。(　　)
6. 债务人履行债务的，定金应当抵作价款或者收回。(　　)
7. 当事人不得以定金不足以弥补违约造成的损失为由请求对方赔偿超过定金数额的损失。(　　)
8. 当事人迟延履行后发生不可抗力的，不免除其违约责任。(　　)
9. 当事人一方因第三人的原因造成违约的，不需向对方承担违约责任。(　　)
10. 因国际货物买卖合同争议提起诉讼的时效期间为3年。(　　)

参考答案

一、判断题

1. √，解析：《民法典》第578条。
2. ×，解析：《民法典》第580条第2款规定，出现不能强制继续履行非金钱债务的法定情形，致使不能实现合同目的的，人民法院或者仲裁机构可以根据当事人的请求终止合同权利义务关系，但是不影响违约责任的承担。
3. ×，解析：《民法典》第582条。
4. √，解析：《民法典》第585条。
5. ×，解析：《民法典》第586条规定，作为债权担保方式的是“定金”。
6. √，解析：《民法典》第587条。
7. ×，解析：《民法典》第588条规定，定金不足以弥补一方违约造成的损失的，对方可以请求赔偿超过定金数额的损失。
8. √，解析：《民法典》第590条。
9. ×，解析：《民法典》第593条。
10. ×，解析：《民法典》第594条规定，因国际货物买卖合同和技术进出口合同争议提起诉讼或者申请仲裁的时效期间为4年。

二、单项选择题

1. 当事人一方不履行非金钱债务或者履行非金钱债务不符合约定的，对方可以请求履行，除非：(　　)

A. 法律上或者事实上不能履行

B. 债务的标的不适于强制履行或者履行费用过高

C. 债权人在合理期限内未请求履行

D. 以上都对

2. 当事人一方不履行合同义务或者履行合同义务不符合约定的，在履行义务或者采取补救措施后，对方还有其他损失的，(　　)。

A. 可以适当补偿　　B. 可以赔偿损失

C. 应当适当补偿　　D. 应当赔偿损失

3. 收受定金的一方不履行债务，或者履行债务不符合约定致使不能实现合同目的的，应当(　　)返还定金。

A. 单倍　　B. 双倍

C. 3 倍　　D. 4 倍

4. 在一方违约后，对方因防止损失扩大而支出的合理费用，由(　　)。

A. 违约方负担　　B. 双方平均负担

C. 双方另行约定　　D. 履约方负担

5. 当事人一方因第三人的原因，造成违约的，应由(　　)向对方承担违约责任。

A. 当事人一方

B. 第三人

C. 当事人一方和第三人连带

D. 先由第三人向当事人一方承担，然后再由当事人一方向对方

6. 因技术进出口合同争议申请仲裁的时效期间为(　　)。

A. 1 年　　B. 2 年　　C. 3 年　　D. 4 年

二、单项选择题

1. D，解析：《民法典》第 580 条规定，当事人一方不履行非金钱债务或者履行非金钱债务不符合约定的，对方可以请求履行，但是有下列情形之一的除外：（1）法律上或者事实上不能履行；（2）债务的标的不适于强制履行或者履行费用过高；（3）债权人在合理期限内未请求履行。
2. D，解析：《民法典》第 583 条规定，当事人一方不履行合同义务或者履行合同义务不符合约定的，在履行义务或者采取补救措施后，对方还有其他损失的，应当赔偿损失。
3. B，解析：《民法典》第 587 条规定，收受定金的一方不履行债务或者履行债务不符合约定，致使不能实现合同目的的，应当双倍返还定金。
4. A，解析：《民法典》第 591 条规定，当事人因防止损失扩大而支出的合理费用，由违约方负担。
5. A，解析：《民法典》第 593 条规定，当事人一方因第三人的原因造成违约的，应当依法向对方承担违约责任。当事人一方和第三人之间的纠纷，依照法律规定或者按照约定处理。
6. D，解析：《民法典》第 594 条规定，因国际货物买卖合同和技术进出口合同争议提起诉讼或者申请仲裁的时效期间为 4 年。

三、多项选择题

1. 当事人一方不履行合同义务的，应当承担(　　)等违约责任。

A. 赔礼道歉　　B. 继续履行

C. 采取补救措施　　D. 赔偿损失

2. 当事人一方未支付(　　)，或者不履行其他金钱债务的，对方可以请求其支付。

A. 价款　　B. 报酬

C. 租金　　D. 利息

3. 关于第三人替代履行的表述，正确的是：(　　)

A. 当事人一方不履行债务，根据债务的性质不得强制履行的，对方可以请求其负担由第三人替代履行的费用

B. 当事人一方履行债务不符合约定，根据债务的性质可以强制履行的，对方可以请求其负担由第三人替代履行的费用

C. 当事人一方不履行债务，根据债务的性质可以强制履行的，对方可以请求其负担由第三人替代履行的费用

D. 当事人一方履行债务不符合约定，根据债务的性质不得强制履行的，对方可以请求其负担由第三人替代履行的费用

4. 履行不符合约定的，应当按照当事人的约定承担违约责任。对违约责任没有约定或者约定不明确，依据《民法典》合同编有关合同条款补充和确定的规定仍不能确定的，受损害方根据标的的性质以及损失的大小，可以合理选择请求对方承担(　　)、减少价款或者报酬等违约责任。

A. 修理　　B. 重作

C. 更换　　D. 退货

三、多项选择题

1. BCD，解析：《民法典》第577条规定，当事人一方不履行合同义务或者履行合同义务不符合约定的，应当承担继续履行、采取补救措施或者赔偿损失等违约责任。
2. ABCD，解析：《民法典》第579条规定，当事人一方未支付价款、报酬、租金、利息，或者不履行其他金钱债务的，对方可以请求其支付。
3. AD，解析：《民法典》第581条规定，当事人一方不履行债务或者履行债务不符合约定，根据债务的性质不得强制履行的，对方可以请求其负担由第三人替代履行的费用。
4. ABCD，解析：《民法典》第582条规定，履行不符合约定的，应当按照当事人的约定承担违约责任。对违约责任没有约定或者约定不明确，依据本法第510条的规定仍不能确定的，受损害方根据标的的性质以及损失的大小，可以合理选择请求对方承担修理、重作、更换、退货、减少价款或者报酬等违约责任。

5. 当事人一方不履行合同义务或者履行合同义务不符合约定，造成对方损失的，损失赔偿额不得超过：（　　）

A. 违约一方订立合同时预见到的因违约可能造成的损失

B. 违约一方订立合同时应当预见到的因违约可能造成的损失

C. 对方订立合同时预见到的因违约可能造成的损失

D. 对方订立合同时应当预见到的因违约可能造成的损失

6. 关于违约金，下列说法正确的是：（　　）

A. 当事人可以约定一方违约时应当根据违约情况向对方支付一定数额的违约金

B. 当事人可以约定因违约产生的损失赔偿额的计算方法

C. 约定的违约金低于造成的损失的，人民法院或者仲裁机构可以根据当事人的请求予以增加

D. 约定的违约金过分高于造成的损失的，人民法院或者仲裁机构可以根据当事人的请求予以适当减少

7. 关于定金，下列说法正确的是：（　　）

A. 当事人可以约定一方向对方给付定金作为债权的担保

B. 定金合同自实际交付定金时成立

C. 定金的数额由当事人约定，但是，不得超过主合同标的额的20%

D. 实际交付的定金数额多于或者少于约定数额的，视为变更约定的定金数额

8. 当事人既约定违约金，又约定定金的，一方违约时，（　　）。

A. 违约方可以选择适用违约金　　B. 守约方可以选择适用定金

C. 违约方可以选择适用定金　　D. 守约方可以选择适用违约金

5. AB，解析：《民法典》第 584 条规定，当事人一方不履行合同义务或者履行合同义务不符合约定，造成对方损失的，损失赔偿额应当相当于因违约所造成的损失，包括合同履行后可以获得的利益；但是，不得超过违约一方订立合同时预见到或者应当预见到的因违约可能造成的损失。
6. ABCD，解析：《民法典》第 585 条规定，当事人可以约定一方违约时应当根据违约情况向对方支付一定数额的违约金，也可以约定因违约产生的损失赔偿额的计算方法。约定的违约金低于造成的损失的，人民法院或者仲裁机构可以根据当事人的请求予以增加；约定的违约金过分高于造成的损失的，人民法院或者仲裁机构可以根据当事人的请求予以适当减少。
7. ABCD，解析：《民法典》第 586 条规定，当事人可以约定一方向对方给付定金作为债权的担保。定金合同自实际交付定金时成立。定金的数额由当事人约定；但是，不得超过主合同标的额的 20%，超过部分不产生定金的效力。实际交付的定金数额多于或者少于约定数额的，视为变更约定的定金数额。
8. BD，解析：《民法典》第 588 条规定，当事人既约定违约金，又约定定金的，一方违约时，对方可以选择适用违约金或者定金条款。

9. 关于当事人一方因不可抗力不能履行合同的表述，正确的是：（　　）

A. 可以部分或者全部免除责任

B. 应当及时通知对方

C. 应当在合理期限内提供证明

D. 当事人迟延履行后发生不可抗力的，可以免除违约责任

四、填空题

1. 当事人一方不履行合同义务或者履行合同义务不符合约定的，应当承担继续履行、采取补救措施或者赔偿损失等____责任。
2. 当事人一方未支付价款、报酬、租金、利息，或者不履行其他____的，对方可以请求其支付。
3. 当事人一方不履行合同义务或者履行合同义务不符合约定的，在履行义务或者采取补救措施后，对方还有其他损失的，应当____。
4. 当事人一方不履行合同义务或者履行合同义务不符合约定，造成对方损失的，损失赔偿额应当____因违约所造成的损失。
5. 在债权人受领迟延期间，债务人____支付利息。
6. 当事人因防止损失扩大而支出的合理费用，由____负担。
7. 当事人都违反合同的，应当____承担相应的责任。

9. ABC，解析：《民法典》第 590 条规定，当事人一方因不可抗力不能履行合同的，根据不可抗力的影响，部分或者全部免除责任，但是法律另有规定的除外。因不可抗力不能履行合同的，应当及时通知对方，以减轻可能给对方造成的损失，并应当在合理期限内提供证明。当事人迟延履行后发生不可抗力的，不免除其违约责任。

四、填空题

1. 违约。(《民法典》第 577 条)
2. 金钱债务。(《民法典》第 579 条)
3. 赔偿损失。(《民法典》第 583 条)
4. 相当于。(《民法典》第 584 条)
5. 无须。(《民法典》第 589 条)
6. 违约方。(《民法典》第 591 条)
7. 各自。(《民法典》第 592 条)

第七讲 常用合同

一、判断题

1. 向社会公众供电的供电人，不得拒绝用电人的订立合同要求。（ ）
2. 赠与合同一经成立，赠与人不得撤销赠与。（ ）
3. 借款合同中，当事人可以约定借款的利息预先在本金中扣除。（ ）
4. 保证合同可以是单独订立的书面合同，也可以是主债权债务合同中的保证条款。（ ）
5. 租赁合同中，租赁期限不得超过 25 年。超过 25 年的，超过部分无效。（ ）
6. 融资租赁合同是出租人根据承租人对出卖人、租赁物的选择，向出卖人购买租赁物，提供给承租人使用，承租人支付租金的合同。（ ）
7. 承揽合同中，承揽人可以将其承揽的辅助工作交由第三人完成。承揽人将其承揽的辅助工作交由第三人完成的，无需就该第三人完成的工作成果向定作人负责。（ ）
8. 建设工程合同中，建设工程的招标投标活动，应当依照有关法律的规定公开、公平、公正进行。（ ）
9. 旅客随身携带超过限量或者违反品类要求的行李乘坐火车、飞机的，应当加收票款或运费并办理补票手续。（ ）
10. 职务技术成果是执行法人或者非法人组织的工作任务，或者利用法人或者非法人组织的物质技术条件所完成的技术成果。（ ）
11. 保管人发现入库仓储物有变质或者其他损坏的，应当及时通知存货人或者仓单持有人。（ ）

参考答案

一、判断题

1. ×，解析：《民法典》第 648 条第 2 款规定，向社会公众供电的供电人，不得拒绝用电人合理的订立合同要求。
2. ×，解析：《民法典》第 658 条规定，赠与人在赠与财产的权利转移之前可以撤销赠与。经过公证的赠与合同或者依法不得撤销的具有救灾、扶贫、助残等公益、道德义务性质的赠与合同，不适用前款规定。
3. ×，解析：《民法典》第 670 条规定，借款的利息不得预先在本金中扣除。利息预先在本金中扣除的，应当按照实际借款数额返还借款并计算利息。
4. √，解析：《民法典》第 685 条。
5. ×，解析：《民法典》第 705 条规定，租赁期限不得超过 20 年。超过 20 年的，超过部分无效。租赁期限届满，当事人可以续订租赁合同；但是，约定的租赁期限自续订之日起不得超过 20 年。
6. √，解析：《民法典》第 735 条。
7. ×，解析：《民法典》第 773 条规定，承揽人可以将其承揽的辅助工作交由第三人完成。承揽人将其承揽的辅助工作交由第三人完成的，应当就该第三人完成的工作成果向定作人负责。
8. √，解析：《民法典》第 790 条。
9. ×，解析：《民法典》第 817 条规定，旅客携带行李应当符合约定的限量和品类要求；超过限量或者违反品类要求携带行李的，应当办理托运手续。
10. ×，解析：《民法典》第 847 条第 2 款规定，职务技术成果是执行法人或者非法人组织的工作任务，或者主要是利用法人或者非法人组织的物质技术条件所完成的技术成果。
11. √，解析：《民法典》第 912 条。

12. 委托人可以特别委托受托人处理一项或者数项事务，但不可以概括委托受托人处理一切事务。（　　）
13. 行纪人处理委托事务支出的费用，由委托人负担，但是当事人另有约定的除外。（　　）
14. 中介人促成合同成立的，中介活动的费用，由委托人负担。（　　）
15. 合伙人就合伙事务作出决定的，除合伙合同另有约定外，应当经一半以上合伙人同意。（　　）

二、单选题

1. 买卖合同中，出卖人多交标的物的，买受人处理方式的下列表述中，错误的是：（　　）

A. 买受人可以接收也可以拒绝接收多交的部分

B. 买受人拒绝接收多交部分的，应及时通知出卖人

C. 买受人接收多交部分的，按照约定的价格支付价款

D. 买受人接收多交部分的，按照接收货物时的市场价支付价款

2. 分期付款的买受人未支付到期价款的数额达到全部价款的（　　），经催告后在合理期限内仍未支付到期价款的，出卖人可以请求买受人支付全部价款或者解除合同。

A. 1/6　　B. 1/5

C. 1/4　　D. 1/3

3. 供用电合同中，因自然灾害等原因断电，供电人未及时抢修，造成用电人损失的：（　　）

A. 应当给予适当补偿　　B. 可以承担赔偿责任

C. 应当承担赔偿责任　　D. 可以给予适当补偿

12. ×，解析：《民法典》第 920 条规定，委托人可以特别委托受托人处理一项或者数项事务，也可以概括委托受托人处理一切事务。
13. ×，解析：《民法典》第 952 条规定，行纪人处理委托事务支出的费用，由行纪人负担，但是当事人另有约定的除外。
14. ×，解析：《民法典》第 963 条第 2 款规定，中介人促成合同成立的，中介活动的费用，由中介人负担。
15. ×，解析：《民法典》第 970 条第 1 款规定，合伙人就合伙事务作出决定的，除合伙合同另有约定外，应当经全体合伙人一致同意。

二、单选题

1. D，解析：《民法典》第 629 条规定，出卖人多交标的物的，买受人可以接收或者拒绝接收多交的部分。买受人接收多交部分的，按照约定的价格支付价款；买受人拒绝接收多交部分的，应当及时通知出卖人。
2. B，解析：《民法典》第 634 条规定，分期付款的买受人未支付到期价款的数额达到全部价款的 1/5，经催告后在合理期限内仍未支付到期价款的，出卖人可以请求买受人支付全部价款或者解除合同。
3. C，解析：《民法典》第 653 条规定，因自然灾害等原因断电，供电人应当按照国家有关规定及时抢修；未及时抢修，造成用电人损失的，应当承担赔偿责任。

4. 赠与合同成立后，下列哪一情形赠与人不得撤销赠与？（ ）
   A. 受赠人严重侵害赠与人或者赠与人的近亲属的
   B. 受赠人对赠与人有扶养义务而不履行的
   C. 受赠人不履行赠与合同约定的义务的
   D. 经过公证的赠与合同
5. 当事人在保证合同中对保证方式没有约定或者约定不明确的，按照（ ）承担保证责任。
   A. 有限保证　　B. 连带责任保证
   C. 一般保证　　D. 最高额保证
6. 下列哪一项不是出租人的义务？（ ）
   A. 按照约定将租赁物交付承租人
   B. 在租赁期限内保持租赁物符合约定的用途
   C. 履行租赁物的维修义务
   D. 妥善保管租赁物
7. 关于融资租赁合同，下列说法错误的是：（ ）
   A. 租赁合同的内容一般包括租赁物的规格、技术性能、检验方法
   B. 租赁合同的内容一般包括租赁期限届满租赁物的归属
   C. 租赁合同应当采取书面形式
   D. 当事人以虚构租赁物方式订立的融资租赁合同效力待定
8. 关于承揽合同，下列说法错误的是：（ ）
   A. 承揽包括加工、定作、修理、复制、测试、检验等工作
   B. 承揽合同的内容一般包括承揽的标的、数量、质量条款
   C. 承揽合同应当采取书面形式
   D. 定作人在承揽人完成工作前可以随时解除合同，造成承揽人损失的，应当赔偿损失

4. D，解析：《民法典》第658条规定，赠与人在赠与财产的权利转移之前可以撤销赠与。经过公证的赠与合同或者依法不得撤销的具有救灾、扶贫、助残等公益、道德义务性质的赠与合同，不适用前款规定。
5. C，解析：《民法典》第686条规定，保证的方式包括一般保证和连带责任保证。当事人在保证合同中对保证方式没有约定或者约定不明确的，按照一般保证承担保证责任。
6. D，解析：《民法典》第708条规定，出租人应当按照约定将租赁物交付承租人，并在租赁期限内保持租赁物符合约定的用途。故A、B项是出租人的义务，不当选。《民法典》第712条规定，出租人应当履行租赁物的维修义务，但是当事人另有约定的除外。故C项是出租人的义务，不当选。《民法典》第714条规定，承租人应当妥善保管租赁物，因保管不善造成租赁物毁损、灭失的，应当承担赔偿责任。故D项是承租人的义务，当选。
7. D，解析：《民法典》第736条规定，融资租赁合同的内容一般包括租赁物的名称、数量、规格、技术性能、检验方法，租赁期限，租金构成及其支付期限和方式、币种，租赁期限届满租赁物的归属等条款。融资租赁合同应当采用书面形式。故A、B、C项正确，不当选。《民法典》第737条规定，当事人以虚构租赁物方式订立的融资租赁合同无效。故D项错误。
8. C，解析：《民法典》第770条第2款规定，承揽包括加工、定作、修理、复制、测试、检验等工作。第771条规定，承揽合同的内容一般包括承揽的标的、数量、质量、报酬，承揽方式，材料的提供，履行期限，验收标准和方法等条款。据此，A、B项正确。《民法典》第787条规定，定作人在承揽人完成工作前可以随时解除合同，造成承揽人损失的，应当赔偿损失。故D项正确。C项于法无据，错误。

9. 发包人未按照约定的时间和要求提供原材料、设备、场地、资金、技术资料的，承包人不可采取下列哪一项救济措施：(　　)

A. 可以解除合同　　B. 可以顺延工程日期

C. 有权请求赔偿停工损失　　D. 有权请求赔偿误工损失

10. 下列哪种情形下，旅客不需要补交票款？(　　)

A. 无票乘坐　　B. 超程乘坐

C. 越级乘坐　　D. 承运人提高服务标准

11. 寄存人未按照约定支付保管费或者其他费用的，保管人对保管物享有(　　)，但是当事人另有约定的除外。

A. 留置权　　B. 抵押权

C. 提存权　　D. 质权

12. 仓储合同中，关于仓储物的提取和仓储费的支付，下列哪项说法是错误的？(　　)

A. 存货人或仓单持有人，逾期提取仓储物的，应当加收仓储费

B. 存货人或仓单持有人，提前提取的，不减收仓储费

C. 存货人或仓单持有人，提前提取的，应当减收仓储费

D. 存货人或者仓单持有人在被催告的合理期限内仍不提取的，保管人可以提存仓储物

13. 委托合同中，关于委托范围，下列哪项的说法是错误的？(　　)

A. 委托人可以特别委托受托人处理一项事务

B. 委托人可以特别委托受托人处理数项事务

C. 委托人可以概括委托受托人处理一切事务

D. 委托人不可以概括委托受托人处理一切事务

9. A，解析：《民法典》第803条规定，发包人未按照约定的时间和要求提供原材料、设备、场地、资金、技术资料的，承包人可以顺延工程日期，并有权请求赔偿停工、窝工等损失。据此，A项正确。

10. D，解析：《民法典》第815条第1款规定，旅客应当按照有效客票记载的时间、班次和座位号乘坐。旅客无票乘坐、超程乘坐、越级乘坐或者持失效客票乘坐的，应当补交票款，承运人可以按照规定加收票款；旅客不支付票款的，承运人可以拒绝运输。《民法典》第821条规定，承运人擅自降低服务标准的，应当根据旅客的请求退票或者减收票款；提高服务标准的，不得加收票款。

11. A，解析：《民法典》第903条规定，寄存人未按照约定支付保管费或者其他费用的，保管人对保管物享有留置权，但是当事人另有约定的除外。

12. C，解析：《民法典》第915条规定，储存期限届满，存货人或者仓单持有人应当凭仓单、入库单等提取仓储物。存货人或者仓单持有人逾期提取的，应当加收仓储费；提前提取的，不减收仓储费。AB项正确，C项错误。《民法典》第916条规定，储存期限届满，存货人或者仓单持有人不提取仓储物的，保管人可以催告其在合理期限内提取；逾期不提取的，保管人可以提存仓储物。D项正确。

13. D，解析：《民法典》第920条规定，委托人可以特别委托受托人处理一项或者数项事务，也可以概括委托受托人处理一切事务。

14. 关于行纪合同，下列哪项说法是错误的？（ ）

A. 行纪合同是行纪人以自己的名义为委托人从事贸易活动

B. 委托人需向行纪人支付报酬

C. 行纪人处理委托事务支出的费用，原则上由行纪人负担

D. 行纪人处理委托事务支出的费用，原则上由委托人负担

15. 中介人未促成合同成立的，不得请求支付报酬；但是，可以按照约定请求委托人支付从事中介活动支出的（ ）。

A. 预期费用 B. 实际费用

C. 必要费用 D. 垫付费用

16. 合伙的利润分配和亏损分担，按照合伙合同的约定办理；合伙合同没有约定或者约定不明确的，由合伙人（ ）。

A. 协商决定

B. 按照实缴出资比例分配、分担

C. 平均分配、分担

D. 按照登记出资比例分配、分担

三、多选题

1. 出卖人应当履行（ ）的义务。

A. 转移标的物的使用权

B. 向买受人交付标的物

C. 向买受人交付提取标的物的单证

D. 转移标的物所有权

2. 供用电合同履行过程中，用电人逾期不支付电费的，经供电人催告，用电人在合理期限内仍不交付（ ），供电人可以按照国家规定的程序中止供电。

A. 违约金 B. 赔偿金

C. 滞纳金 D. 电费

14. D，解析：《民法典》第951条规定，行纪合同是行纪人以自己的名义为委托人从事贸易活动，委托人支付报酬的合同。第952条规定，行纪人处理委托事务支出的费用，由行纪人负担，但是当事人另有约定的除外。
15. C，解析：《民法典》第964条规定，中介人未促成合同成立的，不得请求支付报酬；但是，可以按照约定请求委托人支付从事中介活动支出的必要费用。
16. A，解析：《民法典》第972条规定，合伙的利润分配和亏损分担，按照合伙合同的约定办理；合伙合同没有约定或者约定不明确的，由合伙人协商决定；协商不成的，由合伙人按照实缴出资比例分配、分担；无法确定出资比例的，由合伙人平均分配、分担。

三、多选题

1. BCD，解析：《民法典》第598条规定，出卖人应当履行向买受人交付标的物或者交付提取标的物的单证，并转移标的物所有权的义务。
2. AD，解析：《民法典》第654条第1款规定，用电人应当按照国家有关规定和当事人的约定及时支付电费。用电人逾期不支付电费的，应当按照约定支付违约金。经催告用电人在合理期限内仍不支付电费和违约金的，供电人可以按照国家规定的程序中止供电。

3. 下列关于赠与合同的约定，说法正确的是：(　　)

A. 赠与不得附义务

B. 赠与人在赠与财产的权利转移之前可以撤销赠与

C. 附义务的赠与，赠与的财产有瑕疵的，赠与人需承担责任

D. 撤销权人撤销赠与的，不得向受赠人请求返还赠与的财产

4. 订立借款合同，借款人应当按照贷款人的要求提供与借款有关的：(　　)

A. 业务活动的真实情况　　B. 人力资源管理的真实情况

C. 财务状况的真实情况　　D. 知识产权权属的真实情况

5. 融资租赁合同的构成要件有以下哪些？(　　)

A. 由承租人选择出卖人、租赁物

B. 出租人根据承租人的选择，向出卖人购买租赁物

C. 出租人将购得的租赁物提供给承租人使用

D. 承租人向出租人支付租金

6. 关于承揽合同中的材料，下列说法错误的是：(　　)

A. 材料不得由定作人提供

B. 材料不得由承揽人提供

C. 承揽人提供材料的，应当接受定作人检验

D. 定作人提供材料的，承揽人对定作人提供的材料应当及时检验

7. 建设工程合同包括下列哪些合同？(　　)

A. 勘察合同　　B. 设计合同

C. 施工合同　　D. 监理合同

3. BC，解析：《民法典》第 661 条规定，赠与可以附义务。赠与附义务的，受赠人应当按照约定履行义务。故 A 项错误。《民法典》第 658 条第 1 款规定，赠与人在赠与财产的权利转移之前可以撤销赠与。故 B 项正确。《民法典》第 662 条第 1 款规定，赠与的财产有瑕疵的，赠与人不承担责任。附义务的赠与，赠与的财产有瑕疵的，赠与人在附义务的限度内承担与出卖人相同的责任。故 C 项正确。《民法典》第 665 条规定，撤销权人撤销赠与的，可以向受赠人请求返还赠与的财产。故 D 项错误。
4. AC，解析：《民法典》第 669 条规定，订立借款合同，借款人应当按照贷款人的要求提供与借款有关的业务活动和财务状况的真实情况。
5. ABCD，解析：《民法典》第 735 条规定，融资租赁合同是出租人根据承租人对出卖人、租赁物的选择，向出卖人购买租赁物，提供给承租人使用，承租人支付租金的合同。据此，A、B、C、D 项均正确。
6. CD，解析：《民法典》第 774 条规定，承揽人提供材料的，应当按照约定选用材料，并接受定作人检验。据此，A 项错误，C 项正确。《民法典》第 775 条规定，定作人提供材料的，应当按照约定提供材料。承揽人对定作人提供的材料应当及时检验，发现不符合约定时，应当及时通知定作人更换、补齐或者采取其他补救措施。承揽人不得擅自更换定作人提供的材料，不得更换不需要修理的零部件。据此，B 项错误，D 项正确。
7. ABC，解析：《民法典》第 788 条规定，建设工程合同是承包人进行工程建设，发包人支付价款的合同。建设工程合同包括工程勘察、设计、施工合同。据此，A、B、C 项正确。第 796 条规定，建设工程实行监理的，发包人应当与监理人采用书面形式订立委托监理合同。发包人与监理人的权利和义务以及法律责任，应当依照本编委托合同以及其他有关法律、行政法规的规定。据此，监理合同属于委托合同范畴。D 项错误。

8. 承运人应当在(　　)内将旅客、货物安全运输到约定地点。

A. 指定期限　　B. 约定期限　　C. 最短期限　　D. 合理期限

9. 技术成果完成人享有的权利包括：(　　)

A. 取得荣誉证书的权利

B. 在有关技术成果文件上写明自己是技术成果完成者的权利

C. 取得奖励的权利

D. 对非职务技术成果订立技术合同的权利

10. 关于保管合同中的保管人的义务，下列哪些说法是正确的？(　　)

A. 保管人应当妥善保管保管物

B. 寄存人向保管人交付保管物的，保管人应当给付保管凭证

C. 保管人应当按照合同约定的保管场所或方法保管保管物

D. 紧急情况或者为维护寄存人利益，保管人可以改变约定的保管场所或方法

11. 仓储合同中，关于仓储物的提取，下列哪些说法是正确的？(　　)

A. 约定有储存期限的，储存期限届满，存货人应当凭仓单、入库单等提取仓储物

B. 没有约定储存期限的，存货人可以随时提取仓储物

C. 储存期限约定不明确的，保管人不可以随时要求存货人提取仓储物

D. 没有约定储存期限的，保管人可以随时要求存货人提取仓储物，但应当给予必要的准备时间

12. 委托合同中，关于委托人支付报酬，下列哪项说法是正确的？(　　)

A. 当事人可以约定，因不可归责于受托人的事由，委托合同解除的，委托人不向受托人支付报酬

B. 受托人完成委托事务的，委托人应当按照约定向其支付报酬

C. 因不可归责于受托人的事由，委托合同解除的，委托人应当向受托人支付相应的报酬，但当事人另有约定的除外

D. 因不可归责于受托人的事由，委托事务不能完成的，委托人应当向受托人支付相应的报酬，但当事人另有约定的除外

8. BD，解析：《民法典》第811条规定，承运人应当在约定期限或者合理期限内将旅客、货物安全运输到约定地点。据此，B、D项正确。
9. ABCD，解析：《民法典》第849条规定，完成技术成果的个人享有在有关技术成果文件上写明自己是技术成果完成者的权利和取得荣誉证书、奖励的权利。ABC正确。《民法典》第848条规定，非职务技术成果的使用权、转让权属于完成技术成果的个人，完成技术成果的个人可以就该项非职务技术成果订立技术合同。D项正确。
10. ACD，解析：《民法典》第891条规定，寄存人向保管人交付保管物的，保管人应当出具保管凭证，但是另有交易习惯的除外。也即，在有交易习惯的情况下，保管人也可以不出具保管凭证。B项错误。《民法典》第892条规定，管人应当妥善保管保管物。当事人可以约定保管场所或者方法。除紧急情况或者为维护寄存人利益外，不得擅自改变保管场所或者方法。ACD项正确。
11. ABD，解析：《民法典》第914条规定，当事人对储存期限没有约定或者约定不明确的，存货人或者仓单持有人可以随时提取仓储物，保管人也可以随时请求存货人或者仓单持有人提取仓储物，但是应当给予必要的准备时间。故BD项正确，C项错误。《民法典》第915条规定，储存期限届满，存货人或者仓单持有人应当凭仓单、入库单等提取仓储物。故A项正确。
12. ABCD，解析：《民法典》第928条规定，受托人完成委托事务的，委托人应当按照约定向其支付报酬。因不可归责于受托人的事由，委托合同解除或者委托事务不能完成的，委托人应当向受托人支付相应的报酬。当事人另有约定的，按照其约定。

13. 中介合同中，关于中介人的如实报告义务，下列哪些选项是正确的？（ ）

A. 中介人故意隐瞒与订立合同有关的重要事实，损害委托人利益的，不得请求支付报酬并应当承担赔偿责任

B. 中介人应当就有关订立合同的事项向委托人如实报告

C. 中介人故意隐瞒与订立合同有关的重要事实，损害委托人利益的，不得请求支付报酬，但不需承担赔偿责任

D. 中介人故意提供虚假情况，损害委托人利益的，不得请求支付报酬并应当承担赔偿责任

14. 关于合伙合同终止，以下表述正确的是：（ ）

A. 合伙人死亡、丧失民事行为能力或者终止的，合伙合同终止

B. 合伙人死亡，但根据合伙事务性质不宜终止的，可以不终止

C. 合伙人丧失民事行为能力，但合伙合同另有约定的，仍然终止

D. 合伙人终止，但根据合伙事务性质不宜终止的，可以不终止

四、填空题

1. 标的物毁损、灭失的风险，在标的物交付之前由____承担，交付之后由____承担，但是法律另有规定或者当事人另有约定的除外。
2. 出卖人按照约定将标的物置于交付地点，买受人违反约定没有收取的，标的物毁损、灭失的风险自违反约定时起由____承担。
3. 供用电合同的内容一般包括供电的方式、质量、时间，____、地址、性质，____，电价、电费的结算方式，供用电设施的维护责任等条款。
4. 赠与____附义务。赠与附义务的，____应当按照约定履行义务。
5. 自然人之间的借款合同，自____时成立。
6. 承揽合同中，承揽人完成工作的，应当向定作人交付工作成果，并提交____和有关质量证明。定作人应当____该工作成果。

13. ABD，解析：《民法典》第962条规定，中介人应当就有关订立合同的事项向委托人如实报告。中介人故意隐瞒与订立合同有关的重要事实或者提供虚假情况，损害委托人利益的，不得请求支付报酬并应当承担赔偿责任。

14. ABD，解析：《民法典》第977条规定，合伙人死亡、丧失民事行为能力或者终止的，合伙合同终止；但是，合伙合同另有约定或者根据合伙事务的性质不宜终止的除外。

四、填空题

1. 出卖人；买受人。(《民法典》第604条)
2. 买受人。(《民法典》第608)
3. 用电容量；计量方式。(《民法典》第649条)
4. 可以；受赠人。(《民法典》第661条)
5. 贷款人提供借款。(《民法典》第679条)
6. 必要的技术资料；验收。(《民法典》第780条)

7. 建设工程合同中，国家重大建设工程合同，应当按照国家规定的程序和国家批准的____、____等文件订立。
8. 客运合同自承运人向旅客____时成立，但是当事人另有____或者另有____的除外。
9. 在技术开发合同中，委托开发合同的当事人违反约定造成研究开发工作停滞、延误或者失败的，应当承担____。
10. ____到保管人处从事购物、就餐、住宿等活动，将物品存放在指定场所的，视为保管，但是当事人另有____或者另有____的除外。
11. 保管人根据存货人或者仓单持有人的要求，应当同意其____或者____。
12. 委托合同中，受托人应当____处理委托事务。经委托人____，受托人可以____。
13. 合伙人对合伙期限没有约定或者约定不明确，依据《民法典》第510条的规定仍不能确定的，视为____合伙。

五、简答题

1. 简答所有权保留合同中，出卖人有权取回标的物的情形。
2. 简答保证合同中一般保证人丧失先诉抗辩权的情形。
3. 简答租赁合同中非承租人构成根本性违约时，承租人可以解除合同的情形。

7. 投资计划；可行性研究报告。（《民法典》第 792 条）
8. 交付客票；约定；交易习惯。（《民法典》第 814 条）
9. 违约责任。（《民法典》第 854 条）
10. 寄存人；约定；交易习惯。（《民法典》第 888 条第 2 款）
11. 检查仓储物；提取样品。（《民法典》第 911 条）
12. 亲自；同意；转委托。（《民法典》第 923 条）
13. 不定期。（《民法典》第 976 条第 1 款）

五、简答题

1. 答：根据我国《民法典》第 642 条的规定：当事人约定出卖人保留合同标的物的所有权，在标的物所有权转移前，买受人有下列情形之一，造成出卖人损害的，除当事人另有约定外，出卖人有权取回标的物：
(1) 未按照约定支付价款，经催告后在合理期限内仍未支付。
(2) 未按照约定完成特定条件。
(3) 将标的物出卖、出质或者作出其他不当处分。
出卖人可以与买受人协商取回标的物；协商不成的，可以参照适用担保物权的实现程序。
2. 答：根据我国《民法典》第 687 条规定，一般保证的保证人在主合同纠纷未经审判或者仲裁，并就债务人财产依法强制执行仍不能履行债务前，有权拒绝向债权人承担保证责任，但是有下列情形之一的除外：
(1) 债务人下落不明，且无财产可供执行。
(2) 人民法院已经受理债务人破产案件。
(3) 债权人有证据证明债务人的财产不足以履行全部债务或者丧失履行债务能力。
(4) 保证人书面表示放弃其先诉抗辩权。
3. 答：根据我国《民法典》第 724 条规定，有下列情形之一，非因承租人原因致使租赁物无法使用的，承租人可以解除合同：
(1) 租赁物被司法机关或者行政机关依法查封、扣押。
(2) 租赁物权属有争议。
(3) 租赁物具有违反法律、行政法规关于使用条件的强制性规定情形。

第八讲　准 合 同

一、判断题

1. 管理人管理事务不属于无因管理，但是受益人享有管理利益的，受益人仍然应当向管理人偿还因管理事务而支出的必要费用。(　　)
2. 管理人管理他人事务时，能够通知受益人的，应当及时通知受益人。对于管理的事务的处理，应当等待受益人的指示。(　　)
3. 管理人管理事务经受益人事后追认的，从管理事务开始时起，适用委托合同的有关规定，但是管理人另有意思表示的除外。(　　)
4. 得利人不知道取得的利益没有法律根据，取得的利益已经不存在的，不承担返还该利益的义务。(　　)

二、单选题

1. 无因管理中，关于管理人的义务，下列哪项说法是错误的？(　　)

   A. 管理人管理他人事务，应当采取有利于受益人的方法

   B. 管理人管理他人事务时，能够通知受益人的，应当及时通知受益人

   C. 管理结束后，管理人应当向受益人报告管理事务的情况

   D. 管理人管理事务后，不得中断管理
2. 管理人管理事务经受益人事后追认的，从管理事务开始时起，适用(　　)的有关规定，但是管理人另有意思表示的除外。

   A. 中介合同　　B. 行纪合同

   C. 委托合同　　D. 保管合同
3. 得利人(　　)获得的利益没有法律根据，获得的利益已经不存在的，不承担返还该利益的义务。

   A. 不知道或不应当知道　　B. 不应当知道

   C. 不知道　　D. 不知道且不应当知道

参考答案

一、判断题

1. ×，解析：《民法典》第 980 条规定，管理人管理事务不属于前条规定的情形，但是受益人享有管理利益的，受益人应当在其获得的利益范围内向管理人承担第 979 条第 1 款规定的义务。
2. ×，解析：《民法典》第 982 条规定，管理人管理他人事务时，能够通知受益人的，应当及时通知受益人。管理的事务不需要紧急处理的，应当等待受益人的指示。
3. √，解析：《民法典》第 984 条。
4. ×，解析：《民法典》第 986 条规定，得利人不知道且不应当知道取得的利益没有法律根据，取得的利益已经不存在的，不承担返还该利益的义务。

二、单选题

1. D，解析：《民法典》第 981 条规定，管理人管理他人事务，应当采取有利于受益人的方法。中断管理对受益人更为不利的，无正当理由不得中断。A 项正确，D 项错误。《民法典》第 982 条规定，管理人管理他人事务时，能够通知受益人的，应当及时通知受益人。管理的事务不需要紧急处理的，应当等待受益人的指示。B 项正确。《民法典》第 983 条规定，管理结束后，管理人应当向受益人报告管理事务的情况。管理人管理事务取得的财产，应当及时转交给受益人。C 项正确。
2. C，解析：《民法典》第 984 条规定，管理人管理事务经受益人事后追认的，从管理事务开始时起，适用委托合同的有关规定，但是管理人另有意思表示的除外。
3. D，解析：《民法典》第 986 条规定，得利人不知道且不应当知道取得的利益没有法律根据，取得的利益已经不存在的，不承担返还该利益的义务。

4. 得利人( )获得的利益没有法律根据的，受损失的人可以请求得利人返还其获得的利益并依法赔偿损失。

A. 知道或者应当知道

B. 知道且应当知道

C. 不知道且不应当知道

D. 不知道或者不应当知道

三、多选题

1. 管理人管理事务不属于无因管理，但是受益人享有管理利益时，下列哪些说法是正确的？( )

A. 管理人可以请求受益人偿还因管理事务而支出的必要费用

B. 受益人不需要向管理人承担义务

C. 管理人因管理事务受到损失的，可以请求受益人给予适当补偿

D. 必要费用和损失补偿需要在受益人获得的利益范围内

2. 无因管理中，关于管理人的义务，下列哪些说法是正确的？( )

A. 管理人管理的事务不需要紧急处理的，应当等待受益人的指示

B. 管理人管理事务取得的财产，应当及时转交给受益人

C. 管理人中断管理对受益人更为不利的，无正当理由不得中断

D. 管理结束后，管理人应当向受益人报告管理事务的情况

3. 对于不当得利，受损失的人不可以请求得利人返还取得的利益的情形包括：( )

A. 为履行道德义务进行的给付

B. 为履行法定义务进行的给付

C. 债务到期之前的清偿

D. 明知无给付义务而进行的债务清偿

4. A，解析：《民法典》第 987 条规定，得利人知道或者应当知道取得的利益没有法律根据的，受损失的人可以请求得利人返还其取得的利益并依法赔偿损失。

三、多选题

1. ACD，解析：《民法典》第 980 条规定，管理人管理事务不属于前条规定的情形，但是受益人享有管理利益的，受益人应当在其获得的利益范围内向管理人承担第 979 条第 1 款规定的义务。《民法典》第 979 条第 1 款规定，管理人没有法定的或者约定的义务，为避免他人利益受损失而管理他人事务，并且符合受益人真实意思的，可以请求受益人偿还因管理事务而支出的必要费用；管理人因管理事务受到损失的，可以请求受益人给予适当补偿。据此，选项 B 错误，选项 ACD 正确。

2. ABCD，解析：《民法典》第 982 条规定，管理人管理他人事务时，能够通知受益人的，应当及时通知受益人。管理的事务不需要紧急处理的，应当等待受益人的指示。A 项正确。《民法典》第 983 条规定，管理结束后，管理人应当向受益人报告管理事务的情况。管理人管理事务取得的财产，应当及时转交给受益人。BD 项正确。《民法典》第 981 条规定，管理人管理他人事务，应当采取有利于受益人的方法。中断管理对受益人更为不利的，无正当理由不得中断。C 项正确。

3. ACD，解析：《民法典》第 985 条规定，得利人没有法律根据取得不当利益的，受损失的人可以请求得利人返还取得的利益，但是有下列情形之一的除外：（1）为履行道德义务进行的给付；（2）债务到期之前的清偿；（3）明知无给付义务而进行的债务清偿。

4. 关于不当得利的返还，下列哪些说法是正确的？（　　）

A. 得利人不知道且不应当知道取得的利益没有法律根据，取得的利益已经不存在的，不承担返还该利益的义务

B. 得利人知道或者应当知道取得的利益没有法律根据的，受损失的人可以请求得利人返还其取得的利益并依法赔偿损失

C. 得利人已经将取得的利益无偿转让给第三人的，受损失的人可以请求第三人在相应范围内承担返还义务

D. 得利人知道或者应当知道取得的利益没有法律根据的，受损失的人可以请求得利人返还其获得的利益，但不得要求赔偿损失

四、填空题

1. 管理人没有法定的或者约定的义务，为避免他人利益受损失而管理他人事务，并且符合受益人真实意思的，可以请求受益人偿还因管理事务而支出的____；管理人因管理事务受到损失的，可以请求受益人给予____。

2. 管理人管理他人事务，应当采取有利于受益人的方法。中断管理对受益人更为不利的，无正当理由不得____。

3. 管理人管理事务经受益人事后____的，从管理事务开始时起，适用____的有关规定，但是管理人另有意思表示的除外。

4. ____是指得利人没有法律根据取得不当利益的，受损失的人可以请求得利人返还取得的利益的情形。

4. ABC，解析：《民法典》第 986 条规定，得利人不知道且不应当知道取得的利益没有法律根据，取得的利益已经不存在的，不承担返还该利益的义务。A 项正确。《民法典》第 987 条规定，得利人知道或者应当知道取得的利益没有法律根据的，受损失的人可以请求得利人返还其取得的利益并依法赔偿损失。B 项正确，D 项错误。《民法典》第 988 条规定，得利人已经将取得的利益无偿转让给第三人的，受损失的人可以请求第三人在相应范围内承担返还义务。C 项正确。

四、填空题

1. 必要费用；适当补偿。(《民法典》第 979 条第 1 款)
2. 中断。(《民法典》第 981 条)
3. 追认；委托合同。(《民法典》第 984 条)
4. 不当得利。(《民法典》第 985 条)

专题四

对人格权的保护

一、判断题

1. 死者的姓名、肖像、名誉、荣誉、隐私、遗体等受到侵害的，只有其配偶、子女、父母有权依法请求行为人承担民事责任。(　　)
2. 认定行为人承担侵害除生命权、身体权和健康权外的人格权的民事责任，应当考虑行为人和受害人的职业、影响范围、过错程度等因素。(　　)
3. 所有的民事主体都享有生命权，有权维护自己的生命安全和生命尊严。任何组织或者个人不得侵害。(　　)
4. 违背他人意愿，以言语、文字、图像、肢体行为等方式对他人实施性骚扰的，受害人有权依法请求行为人承担民事责任。(　　)
5. 民事主体享有姓名权，有权依法决定、使用、变更或者许可他人使用自己的姓名。(　　)
6. 自然人享有名誉权，法人和其他组织不享有名誉权。(　　)
7. 自然人与征信机构等信用信息处理者之间的关系，适用《民法典》人格权编有关个人信息保护的规定和其他法律、行政法规的有关规定。(　　)
8. 民事主体都享有隐私权。任何组织或者个人不得以刺探、侵扰、泄露、公开等方式侵害隐私权。(　　)

参考答案

一、判断题

1. ×，解析：根据《民法典》第 994 条规定，死者的姓名、肖像、名誉、荣誉、隐私、遗体等受到侵害的，其配偶、子女、父母有权依法请求行为人承担民事责任；死者没有配偶、子女并且父母已经死亡的，其他近亲属有权依法请求行为人承担民事责任。
2. √，解析：根据《民法典》第 998 条规定。
3. ×，解析：根据《民法典》第 1002 条规定，自然人享有生命权。自然人的生命安全和生命尊严受法律保护。任何组织或者个人不得侵害他人的生命权。
4. √，解析：根据《民法典》第 1010 条第 1 款规定。
5. ×，解析：根据《民法典》第 1012 规定，自然人享有姓名权，有权依法决定、使用、变更或者许可他人使用自己的姓名，但是不得违背公序良俗。
6. ×，解析：根据《民法典》第 1024 条规定，民事主体享有名誉权。任何组织或者个人不得以侮辱、诽谤等方式侵害他人的名誉权。名誉是对民事主体的品德、声望、才能、信用等的社会评价。
7. √，解析：根据《民法典》第 1030 条规定。
8. ×，解析：根据《民法典》第 1032 条第 1 款规定，自然人享有隐私权。任何组织或者个人不得以刺探、侵扰、泄露、公开等方式侵害他人的隐私权。

二、单项选择题

1. 因当事人一方的违约行为，损害对方人格权并造成严重精神损害，以下表述正确的是：（　　）

A. 受损害方只能选择请求精神损害赔偿

B. 受损害方只能选择请求精神损害赔偿请求其承担违约责任

C. 承担违约责任不足以弥补受损害方的，可以选择请求精神损害赔偿

D. 受损害方选择请求其承担违约责任的，不影响受损害方请求精神损害赔偿

2. 行为人拒不承担因其侵害人格权而应承担的民事责任，人民法院可以采取在报刊、网络等媒体上发布公告或者公布生效裁判文书等方式执行，产生的费用由行为人负担，下列哪项民事责任不属于这一范畴？（　　）

A. 消除影响　　B. 赔礼道歉

C. 消除危险　　D. 恢复名誉

3. 以下关于生命权的表述，错误的是：（　　）

A. 民事主体享有生命权

B. 自然人的生命安全受法律保护

C. 自然人的生命尊严受法律保护

D. 任何组织或者个人不得侵害他人的生命权

4. 以下关于人体临床试验的表述，错误的是：（　　）

A. 试验的目的是为研制新药、医疗器械或者发展新的预防和治疗方法

B. 需要进行临床试验的，应当依法经相关主管部门批准并经伦理委员会审查同意

C. 向受试者或者受试者的监护人告知试验目的、用途和可能产生的风险等详细情况

D. 应当经受试者或者受试者的监护人书面同意，并可收取成本费用

二、单项选择题

1. D，解析：根据《民法典》第996条规定，因当事人一方的违约行为，损害对方人格权并造成严重精神损害，受损害方选择请求其承担违约责任的，不影响受损害方请求精神损害赔偿。
2. C，解析：根据《民法典》第1000条规定，行为人因侵害人格权承担消除影响、恢复名誉、赔礼道歉等民事责任的，应当与行为的具体方式和造成的影响范围相当。行为人拒不承担前款规定的民事责任的，人民法院可以采取在报刊、网络等媒体上发布公告或者公布生效裁判文书等方式执行，产生的费用由行为人负担。
3. A，解析：根据《民法典》第1002条规定，自然人享有生命权。自然人的生命安全和生命尊严受法律保护。任何组织或者个人不得侵害他人的生命权。
4. D，解析：根据《民法典》第1008条规定，为研制新药、医疗器械或者发展新的预防和治疗方法，需要进行临床试验的，应当依法经相关主管部门批准并经伦理委员会审查同意，向受试者或者受试者的监护人告知试验目的、用途和可能产生的风险等详细情况，并经其书面同意。进行临床试验的，不得向受试者收取试验费用。据此，ABC项正确，D项错误。

5. 关于姓名权、名称权有关手续及法律效力，下列表述错误的是：（　　）

A. 自然人决定、变更姓名，应当依法向有关机关办理登记手续，但是法律另有规定的除外

B. 法人、非法人组织决定、变更、转让名称的，应当依法向有关机关办理登记手续，但是法律另有规定的除外

C. 民事主体变更姓名、名称的，变更前实施的民事法律行为自登记之日起对其不再具有法律约束力

D. 民事主体变更姓名、名称的，变更前实施的民事法律行为对其具有法律约束力

6. 关于肖像和肖像权，下列表述错误的是：（　　）

A. 自然人享有肖像权

B. 自然人有权依法制作、使用、公开自己的肖像

C. 自然人有权依法许可他人使用自己的肖像

D.《民法典》所称肖像是指通过影像、雕塑、绘画等方式在一定载体上所反映的自然人的外部形象

7. 行为人为公共利益实施新闻报道，对他人提供的严重失实内容未尽到合理核实义务，影响他人名誉的，应当承担民事责任。认定行为人是否尽到合理核实义务，应当考虑的因素不包括：（　　）

A. 内容来源的可信度、内容的时限性

B. 对可能引发争议的内容是否进行了全面调查

C. 内容与公序良俗的关联性、受害人名誉受贬损的可能性

D. 核实能力和核实成本

8. 关于民事主体对媒体报道失实导致侵害名誉权的救济，以下表述错误的是：（　　）

A. 民事主体有确切证据证明报刊、网络等媒体报道的内容失实

B. 民事主体有证据证明媒体报道的内容失实侵害其名誉权

C. 民事主体有权请求该媒体及时采取更正措施

D. 民事主体有权请求该媒体及时采取删除措施

5. C，解析：根据《民法典》第1016条规定，自然人决定、变更姓名，或者法人、非法人组织决定、变更、转让名称的，应当依法向有关机关办理登记手续，但是法律另有规定的除外。民事主体变更姓名、名称的，变更前实施的民事法律行为对其具有法律约束力。据此，ABD项正确，C项错误。

6. D，解析：根据《民法典》第1018条规定，自然人享有肖像权，有权依法制作、使用、公开或者许可他人使用自己的肖像。肖像是通过影像、雕塑、绘画等方式在一定载体上所反映的特定自然人可以被识别的外部形象。据此，选项ABC正确，选项D错误。

7. B，解析：根据《民法典》第1026条规定，认定行为人是否尽到《民法典》第1025条第2项规定的合理核实义务，应当考虑下列因素：（1）内容来源的可信度；（2）对明显可能引发争议的内容是否进行了必要的调查；（3）内容的时限性；（4）内容与公序良俗的关联性；（5）受害人名誉受贬损的可能性；（6）核实能力和核实成本。据此，选项ACD正确，选项B错误。

8. A，解析：根据《民法典》第1028条规定，民事主体有证据证明报刊、网络等媒体报道的内容失实，侵害其名誉权的，有权请求该媒体及时采取更正或者删除等必要措施。据此，A项错误，BCD项正确。

三、多项选择题

1. 自然人可以将自己的(　　)等许可他人使用，但是依照法律规定或者根据其性质不得许可的除外。

A. 姓名　　B. 名称　　C. 肖像　　D. 荣誉

2. 为公共利益实施新闻报道、舆论监督等行为的，可以合理使用民事主体人格权中的哪些内容？(　　)

A. 姓名　　B. 名称　　C. 肖像　　D. 荣誉

3. 以下关于身体权的表述，正确的是：(　　)

A. 自然人享有身体权

B. 自然人的身体完整和行动自由受法律保护

C. 自然人的身心健康受法律保护

D. 任何组织或者个人不得侵害他人的身体权

4. 自然人的(　　)受到侵害或者处于其他危难情形，负有法定救助义务的组织或者个人应当及时施救。

A. 生命权　　B. 名誉权　　C. 身体权　　D. 健康权

5. 关于对笔名、艺名、网名、译名、字号、姓名和名称的简称的扩展保护，表述正确的是：(　　)

A. 具有一定社会知名度

B. 被他人使用

C. 被他人使用足以造成公众混淆

D. 参照适用姓名权和名称权保护的有关规定

6. 行为人为公共利益实施新闻报道、舆论监督等行为，影响他人名誉的，需要承担民事责任的情形包括：(　　)

A. 捏造、歪曲事实

B. 对他人提供的失实内容未尽到全面审查义务

C. 使用侮辱性言辞等贬损他人名誉

D. 对他人提供的严重失实内容未尽到合理核实义务

三、多项选择题

1. AC，解析：根据《民法典》第 993 条规定，民事主体可以将自己的姓名、名称、肖像等许可他人使用，但是依照法律规定或者根据其性质不得许可的除外。其中，自然人享有姓名权，法人、非法人组织享有名称权，故 AC 正确，BD 错误。
2. ABC，解析：根据《民法典》第 999 条规定，为公共利益实施新闻报道、舆论监督等行为的，可以合理使用民事主体的姓名、名称、肖像、个人信息等；使用不合理侵害民事主体人格权的，应当依法承担民事责任。
3. ABD，解析：根据《民法典》第 1003 条规定，自然人享有身体权。自然人的身体完整和行动自由受法律保护。任何组织或者个人不得侵害他人的身体权。ABD 项正确。根据《民法典》第 1004 条的规定，C 项属于自然人健康权的内容。
4. ACD，解析：根据《民法典》第 1005 条规定，自然人的生命权、身体权、健康权受到侵害或者处于其他危难情形的，负有法定救助义务的组织或者个人应当及时施救。
5. ACD，解析：根据《民法典》第 1017 条规定，具有一定社会知名度，被他人使用足以造成公众混淆的笔名、艺名、网名、译名、字号、姓名和名称的简称等，参照适用姓名权和名称权保护的有关规定。据此，ACD 向正确，B 项表述错误。
6. ACD，解析：根据《民法典》第 1025 条规定，行为人为公共利益实施新闻报道、舆论监督等行为，影响他人名誉的，不承担民事责任，但是有下列情形之一的除外：（1）捏造、歪曲事实；（2）对他人提供的严重失实内容未尽到合理核实义务；（3）使用侮辱性言辞等贬损他人名誉。据此，ACD 项正确，B 项错误。

四、填空题

1. 《民法典》人格权编调整因人格权的____和____产生的民事关系。
2. 禁止以任何形式买卖____、人体组织、____、____。
3. 以____等方式剥夺、限制他人的行动自由，或者____他人身体的，受害人有权依法请求行为人承担民事责任。
4. ____、____享有名称权，有权依法____、使用、变更、转让或者____自己的名称。
5. 对姓名等的____，参照适用____许可使用的有关规定。对自然人声音的保护，参照适用____保护的有关规定。
6. 任何组织或者个人不得____他人的荣誉称号，不得____、____他人的荣誉。
7. 自然人可以依法向信息处理者____其个人信息；发现信息有错误的，有权提出异议并请求及时采取____等必要措施。
8. 自然人发现信息处理者违反法律、行政法规的规定或者双方的约定处理其个人信息的，有权请求信息处理者____。

五、简答题

1. 试列举自然人可以在父姓和母姓之外选取姓氏的情形。
2. 试列举我国《民法典》规定的肖像权的合理使用情形。
3. 试列举侵害隐私权的行为方式。

四、填空题

1. 享有；保护。（《民法典》第989条）
2. 人体细胞；人体器官；遗体。（《民法典》1007条第1款）
3. 非法拘禁；非法搜查。（《民法典》1011条）
4. 法人；非法人组织；决定；许可他人使用。（《民法典》1013条）
5. 许可使用；肖像；肖像权。（《民法典》1023条）
6. 非法剥夺；诋毁；贬损。（《民法典》第1031条）
7. 查阅或者复制；更正。（《民法典》第1037条第1款）
8. 及时删除。（《民法典》第1037条第2款）

五、简答题

1. 答：根据《民法典》第1015条规定，自然人有下列情形之一的，可以在父姓和母姓之外选取姓氏：（1）选取其他直系长辈血亲的姓氏；（2）因由法定扶养人以外的人扶养而选取扶养人姓氏；（3）有不违背公序良俗的其他正当理由。少数民族自然人的姓氏可以遵从本民族的文化传统和风俗习惯。
2. 根据《民法典》第1020条规定，合理实施下列行为的，可以不经肖像权人同意：（1）为个人学习、艺术欣赏、课堂教学或者科学研究，在必要范围内使用肖像权人已经公开的肖像；（2）为实施新闻报道，不可避免地制作、使用、公开肖像权人的肖像；（3）为依法履行职责，国家机关在必要范围内制作、使用、公开肖像权人的肖像；（4）为展示特定公共环境，不可避免地制作、使用、公开肖像权人的肖像；（5）为维护公共利益或者肖像权人合法权益，制作、使用、公开肖像权人的肖像的其他行为。
3. 答：根据《民法典》第1033条规定，除法律另有规定或者权利人明确同意外，任何组织或者个人不得实施下列行为：（1）以电话、短信、即时通讯工具、电子邮件、传单等方式侵扰他人的私人生活安宁；（2）进入、拍摄、窥视他人的住宅、宾馆房间等私密空间；（3）拍摄、窥视、窃听、公开他人的私密活动；（4）拍摄、窥视他人身体的私密部位；（5）处理他人的私密信息；（6）以其他方式侵害他人的隐私权。

专题五

家事法律关系

第一讲　婚姻关系

一、判断题

1.《民法典》婚姻家庭编调整因婚姻家庭产生的民事关系。（　　）

2. 配偶、父母、子女和其他近亲属为家庭成员。（　　）

3. 小赵（男）今年 20 周岁，小曲（女）今年 18 周岁，二人不能登记结婚。（　　）

4. 一方患有重大疾病，在婚前未告知对方的，婚姻无效。（　　）

5. 夫妻一方要求离婚的，可以直接向人民法院提起离婚诉讼。（　　）

6. 离婚后，男女双方自愿恢复婚姻关系的，应当到婚姻登记机关重新进行结婚登记。（　　）

二、单项选择题

1. 下列哪一选项不属于禁止结婚的亲属关系？（　　）

A. 堂兄妹　　B. 姑表兄妹

C. 姨（舅）表兄妹　　D. 无血缘关系的继兄妹

参考答案

一、判断题

1. √，解析：根据《民法典》第 1040 条的规定。
2. ×，解析：根据《民法典》第 1045 条第 3 款规定，配偶、父母、子女和其他共同生活的近亲属为家庭成员。
3. √，解析：根据《民法典》第 1047 条的规定。
4. ×，解析：根据《民法典》第 1053 条的规定，一方患有重大疾病的，应当在结婚登记前如实告知另一方；不如实告知的，另一方可以向人民法院请求撤销婚姻。请求撤销婚姻的，应当自知道或者应当知道撤销事由之日起 1 年内提出。
5. √，解析：根据《民法典》第 1079 条第 1 款的规定。
6. √，解析：根据《民法典》第 1083 条的规定。

二、单项选择题

1. D，解析：根据《民法典》第 1048 条的规定，直系血亲或者三代以内的旁系血亲禁止结婚。故 D 项当选。

2. 下列关于结婚的说法，哪一选项是正确的？（　　）

A. 登记结婚后，女方即成为男方家庭的成员

B. 登记结婚后，男方即成为女方家庭的成员

C. 登记结婚后，按照男女双方约定，女方可以成为男方家庭的成员，男方可以成为女方家庭的成员

D. 登记结婚后，男女双方即互相成为对方家庭的成员

3. 婚姻登记机关对离婚协议的审查处理，哪一做法是正确的？（　　）

A. 查明双方确实是自愿离婚，并已经对子女抚养、财产以及债务处理等事项协商一致的，予以登记，发给离婚证

B. 查明双方确属自愿离婚的，应当予以登记，发给离婚证

C. 查明双方已经对子女抚养协商一致的，应当予以登记，发给离婚证

D. 查明双方已经对财产及债务处理协商一致的，应当予以登记，发给离婚证

4. 下列哪一情形下，男方不得提出离婚？（　　）

A. 女方怀孕期间

B. 女方分娩后 2 年内

C. 女方终止妊娠后 1 年内

D. 女方哺乳期间

5. 离婚后，一方发现另一方有哪一行为时，可以向人民法院提起诉讼，请求再次分割夫妻共同财产？（　　）

A. 隐藏婚前个人财产

B. 转移夫妻共同财产

C. 离婚前与他人同居

D. 挥霍婚前个人财产

三、多项选择题

1. 下列哪些行为符合民法关于婚姻家庭的行为规范？（　　）

A. 夫妻互相忠实

B. 家庭和睦

C. 敬老爱幼

D. 互相帮助

2. C，解析：根据《民法典》第1050条的规定，登记结婚后，按照男女双方约定，女方可以成为男方家庭的成员，男方可以成为女方家庭的成员。故C项当选。
3. A，解析：根据《民法典》第1078条的规定，婚姻登记机关查明双方确实是自愿离婚，并已经对子女抚养、财产以及债务处理等事项协商一致的，予以登记，发给离婚证。故A项正确。
4. A，解析：根据《民法典》第1082条的规定，女方在怀孕期间、分娩后1年内或者终止妊娠后6个月内，男方不得提出离婚；但是，女方提出离婚或者人民法院认为确有必要受理男方离婚请求的除外。故A项正确。
5. B，解析：根据《民法典》第1092条的规定，夫妻一方隐藏、转移、变卖、毁损、挥霍夫妻共同财产，或者伪造夫妻共同债务企图侵占另一方财产的，在离婚分割夫妻共同财产时，对该方可以少分或者不分。离婚后，另一方发现有上述行为的，可以向人民法院提起诉讼，请求再次分割夫妻共同财产。故B项当选。

三、多项选择题

1. ABCD，解析：根据《民法典》第1043条的规定，家庭应当树立优良家风，弘扬家庭美德，重视家庭文明建设。夫妻应当互相忠实，互相尊重，互相关爱；家庭成员应当敬老爱幼，互相帮助，维护平等、和睦、文明的婚姻家庭关系。

2. 下列哪些人符合我国法定婚龄要求？（　　）

A. 小吕，男，22 周岁　　B. 小肖，女，19 周岁

C. 小宣，女，25 周岁　　D. 小张，男，20 周岁

3. 下列哪些行为不符合婚姻登记的有关规定？（　　）

A. 可以找他人代自己办理结婚登记

B. 表兄妹可以申请办理结婚登记

C. 未满 18 周岁的人申请办理结婚登记

D. 办完婚礼之后，一直未补办结婚登记

4. 下列哪些选项属于婚姻无效的情形？（　　）

A. 重婚　　B. 有禁止结婚的亲属关系

C. 未到法定婚龄　　D. 因胁迫结婚

5. 关于现役军人离婚，下列哪些说法是错误的？（　　）

A. 现役军人的配偶不能要求离婚

B. 现役军人的配偶可以要求离婚

C. 现役军人的配偶要求离婚，无需征得军人的同意

D. 现役军人的配偶要求离婚，应当征得军人同意，但是军人一方有重大过错的除外

四、填空题

1. 禁止____、____婚姻和其他____婚姻自由的行为。

2. 结婚应当男女双方____，禁止任何一方对另一方加以强迫或者任何组织、个人加以干涉。

3. 无效的或者被撤销的婚姻____没有法律约束力，当事人不具有夫妻的权利和义务。

4. 完成____，或者____生效，即解除婚姻关系。

2. AC，解析：根据《民法典》第 1047 条的规定，结婚年龄，男不得早于 22 周岁，女不得早于 20 周岁。故 AC 项当选。
3. ABCD，解析：根据《民法典》第 1049 条的规定，要求结婚的男女双方应当亲自到婚姻登记机关申请结婚登记。符合本法规定的，予以登记，发给结婚证。完成结婚登记，即确立婚姻关系。未办理结婚登记的，应当补办登记。故 ABCD 项当选。
4. ABC，解析：根据《民法典》第 1051 条的规定，婚姻无效的情形有三种：（1）重婚；（2）有禁止结婚的亲属关系；（3）未到法定婚龄。
5. AC，解析：根据《民法典》第 1081 条的规定，现役军人的配偶要求离婚，应当征得军人同意，但是军人一方有重大过错的除外。故 AC 项正确。

四、填空题

1. 包办；买卖；干涉。(《民法典》第 1042 条)
2. 完全自愿。(《民法典》第 1046 条)
3. 自始。(《民法典》第 1054 条)
4. 离婚登记；离婚判决书、调解书。(《民法典》第 1080 条)

五、简答题

1. 简述我国婚姻家庭的禁止性规定。
2. 简述我国《民法典》关于“离婚冷静期”的规定。
3. 简述我国《民法典》规定的离婚损害赔偿制度。

五、简答题

1. 答：根据《民法典》第 1042 条的规定，在我国，婚姻家庭的禁止性规定有：（1）禁止包办、买卖婚姻和其他干涉婚姻自由的行为。（2）禁止借婚姻索取财物。（3）禁止重婚。（4）禁止有配偶者与他人同居。（5）禁止家庭暴力。（6）禁止家庭成员间的虐待和遗弃。
2. 答：根据《民法典》第 1077 条的规定，自婚姻登记机关收到离婚登记申请之日起 30 日内，任何一方不愿意离婚的，可以向婚姻登记机关撤回离婚登记申请。前款规定期限届满后 30 日内，双方应当亲自到婚姻登记机关申请发给离婚证；未申请的，视为撤回离婚登记申请。
3. 答：根据《民法典》第 1091 条的规定，有下列情形之一，导致离婚的，无过错方有权请求损害赔偿：（1）重婚；（2）与他人同居；（3）实施家庭暴力；（4）虐待、遗弃家庭成员；（5）有其他重大过错。

第二讲　家庭关系

一、判断题

1. 夫妻在婚姻家庭关系中地位平等。(　　)
2. 夫妻有相互扶养的义务。(　　)
3. 王某婚后因发生车祸得到的残疾赔偿金，属于王某的个人财产。(　　)
4. 成年子女不能独立生活的，可以要求父母给付抚养费。(　　)
5. 不直接抚养非婚生子女的生父或者生母，可以不负担不能独立生活的成年子女的抚养费。(　　)

二、单项选择题

1. 下列财产中，属于夫妻共同财产的是哪一项？(　　)
   A. 婚后双方的工资收入
   B. 婚前男方全款购买的婚房
   C. 婚前各方名下的存款
   D. 婚后接受的赠与，且该赠与明确只归属于男方
2. 婚姻关系存续期间，在下列哪一情况下，夫妻一方不能向人民法院请求分割共同财产？(　　)
   A. 一方隐藏夫妻共同财产
   B. 一方毁损夫妻共同财产
   C. 一方伪造夫妻共同债务
   D. 一方朋友患有重大疾病，另一方不同意支付医疗费用

参考答案

一、判断题

1. √，解析：根据《民法典》第 1055 条的规定。
2. √，解析：根据《民法典》第 1059 条的规定。
3. √，解析：根据《民法典》第 1063 条第 2 项的规定。
4. √，解析：根据《民法典》第 1067 条的规定。
5. ×，解析：根据《民法典》第 1071 条第 2 款的规定，不直接抚养非婚生子女的生父或者生母，应当负担未成年子女或者不能独立生活的成年子女的抚养费。

二、单项选择题

1. A，解析：根据《民法典》第 1062 条第 1 项的规定，A 项属于夫妻共同财产。根据《民法典》第 1063 条第 1 项和第 3 项规定，B、C 两项属于婚前个人财产，D 项属于婚后取得的只归属于一方的赠与财产，BCD 依法均属于夫妻一方个人财产。故 A 项当选。
2. D，解析：根据《民法典》第 1066 条的规定，婚姻关系存续期间，有下列情形之一的，夫妻一方可以向人民法院请求分割共同财产：（1）一方有隐藏、转移、变卖、毁损、挥霍夫妻共同财产或者伪造夫妻共同债务等严重损害夫妻共同财产利益的行为；（2）一方负有法定扶养义务的人患重大疾病需要医治，另一方不同意支付相关医疗费用。D 项中，朋友不是一方负有法定扶养义务的人，另一方没有支付医疗费用的义务。故 D 项当选。

3. 关于父母与子女之间的继承关系，下列哪一说法是正确的？（　　）

A. 父母可以继承子女的遗产

B. 父母不可以继承子女的遗产

C. 继子女可以继承继父母的遗产

D. 继父母可以继承继子女遗产

4. 关于祖父母、外祖父母对孙子女、外孙子女之间的抚养义务，下列哪一说法是正确的？（　　）

A. 祖父母对孙子女有抚养义务

B. 有负担能力的外祖父母对外孙子女有抚养义务

C. 祖父母对于父母已经死亡未成年孙子女有抚养的义务

D. 有负担能力的外祖父母，对于父母无力抚养的未成年外孙子女，有抚养的义务

三、多项选择题

1. 小吴在一次外出时不幸遇难，留下财产若干。下列哪些人有权继承小吴的遗产？（　　）

A. 小吴的父亲　　B. 小吴的母亲

C. 小吴的妻子　　D. 小吴的儿子

2. 下列关于父母与子女关系的说法，哪些是正确的？（　　）

A. 未成年子女可以要求父母给付抚养费

B. 成年子女不能独立生活的，可以要求父母给付抚养费

C. 生活困难的父母可以要求成年子女给付赡养费

D. 缺乏劳动能力的父母可以要求成年子女给付赡养费

3. 子女应当尊重父母的婚姻权利，不得从事下列哪些行为？（　　）

A. 干涉父母再婚　　B. 阻挠父母离婚

C. 搅乱父母再婚后的正常生活　　D. 让父母自由选择再婚对象

3. A，解析：根据《民法典》第1070条的规定，父母和子女有相互继承遗产的权利。故A项正确，B项错误。根据《民法典》第1072条、第1127条的规定，对于有扶养关系的继父母和继子女之间的权利义务关系，才适用民法典关于父母子女关系的规定，才可以发生继承。故CD项错误。
4. D，解析：根据《民法典》第1074条第1款的规定，有负担能力的祖父母、外祖父母，对于父母已经死亡或者父母无力抚养的未成年孙子女、外孙子女，有抚养的义务。故D项当选。

三、多项选择题

1. ABCD，解析：《民法典》第1061条规定，夫妻有相互继承遗产的权利。第1127条第1款规定，遗产按照下列顺序继承：（1）第一顺序：配偶、子女、父母；（2）第二顺序：兄弟姐妹、祖父母、外祖父母。故ABCD均当选。
2. ABCD，解析：根据《民法典》第1067条的规定，父母不履行抚养义务的，未成年子女或者不能独立生活的成年子女，有要求父母给付抚养费的权利。成年子女不履行赡养义务的，缺乏劳动能力或者生活困难的父母，有要求成年子女给付赡养费的权利。故ABCD项均当选。
3. ABC，解析：根据《民法典》第1069条的规定，子女应当尊重父母的婚姻权利，不得干涉父母离婚、再婚以及婚后的生活。子女对父母的赡养义务，不因父母的婚姻关系变化而终止。故ABC项当选。

4. 关于婚生子女和非婚生子女，下列哪些说法是正确的？（　　）
   A. 父母只对其婚生子女负有教育、保护义务
   B. 非婚生子女享有与婚生子女同等的权利
   C. 不直接抚养非婚生子女的生父或生母，无需负担非婚生子女的抚养费
   D. 不直接抚养非婚生子女的生父或者生母，应当负担未成年子女或者不能独立生活的成年子女的抚养费

四、填空题

1. 夫妻双方都有____自己姓名的权利。
2. 夫妻一方因____而实施的民事法律行为，对夫妻双方发生效力，但是____的除外。夫妻之间对一方可以实施的民事法律行为范围的限制，不得对抗____。
3. 继父母与继子女间，不得____或者____。继父或者继母和受其抚养教育的继子女间的权利义务关系，适用本法关于____的规定。

五、简答题

在婚姻存续期间，哪些财产为夫妻共同财产？

4. BD，解析：根据《民法典》第1071条的规定，非婚生子女享有与婚生子女同等的权利，任何组织或者个人不得加以危害和歧视。不直接抚养非婚生子女的生父或者生母，应当负担未成年子女或者不能独立生活的成年子女的抚养费。故BD项正确。

四、填空题

1. 各自使用。(《民法典》第1056条)
2. 家庭日常生活需要；夫妻一方与相对人另有约定；善意相对人。(《民法典》第1060条)
3. 虐待；歧视；父母子女关系。(《民法典》第1072条)

五、简答题

答：根据《民法典》第1062条的规定，夫妻在婚姻关系存续期间所得的下列财产，为夫妻的共同财产，归夫妻共同所有：（1）工资、奖金、劳务报酬；（2）生产、经营、投资的收益；（3）知识产权的收益；（4）继承或者受赠的财产，但是本法第1063条第3项规定（遗嘱或者赠与合同中确定只归一方的财产）的除外；（5）其他应当归共同所有的财产。

第三讲　收养关系

一、判断题

1. 未成年人的父母均不具备完全民事行为能力的，该未成年人的监护人可以将其送养。（　　）
2. 有配偶者收养子女，应当夫妻共同收养。（　　）
3. 孤儿或者生父母无力抚养的子女，由生父母的亲属、朋友抚养的，抚养人与被扶养人的关系适用《民法典》婚姻家庭编收养章的规定。（　　）
4. 养父母与成年养子女关系恶化、无法共同生活的，可以协议解除收养关系。（　　）

二、单项选择题

1. 下列哪一个人或组织可以作送养人？（　　）

A. 医疗机构　　B. 儿童福利机构

C. 孤儿的近亲属　　D. 生父母

2. 下列关于监护人送养孤儿的表述，哪一项是正确的？（　　）

A. 送养孤儿应当征得其本人同意

B. 送养孤儿应当及时通知有抚养义务的人

C. 监护人不愿意继续履行监护职责的，应当另行确定监护人

D. 送养孤儿应当征得其近亲属的同意

3. 下列关于收养自愿原则的表述，哪一项是正确的？（　　）

A. 收养应当收养人与被收养人双方自愿

B. 收养 6 周岁的未成年人的，应当征得其同意

C. 收养 8 周岁以上的未成年人的，应当征得其同意

D. 收养未成年人的，无需征得其同意

参考答案

一、判断题

1. ×，解析：根据《民法典》第1095条的规定，未成年人的父母均不具备完全民事行为能力且可能严重危害该未成年人的，该未成年人的监护人可以将其送养。
2. √，解析：根据《民法典》第1101条的规定。
3. ×，解析：根据《民法典》第1107条的规定，孤儿或者生父母无力抚养的子女，可以由生父母的亲属、朋友抚养；抚养人与被抚养人的关系不适用本章规定。
4. √，解析：《民法典》第1115条规定。

二、单项选择题

1. B，解析：根据《民法典》第1094条的规定，下列个人、组织可以作送养人：（1）孤儿的监护人；（2）儿童福利机构；（3）有特殊困难无力抚养子女的生父母，故B项当选。
2. C，解析：根据《民法典》第1096条的规定，监护人送养孤儿的，应当征得有抚养义务的人同意。有抚养义务的人不同意送养、监护人不愿意继续履行监护职责的，应当依照本法第一编的规定另行确定监护人。故C项正确。
3. C，解析：根据《民法典》第1104条的规定，收养人收养与送养人送养，应当双方自愿。收养8周岁以上未成年人的，应当征得被收养人的同意。故C项正确。

4. 收养关系解除后，关于养子女与养父母的关系，下列哪一说法是正确的？（　　）

A. 收养关系解除后，成年养子女无需给付养父母生活费

B. 收养关系解除后，成年养子女仍应当给付养父母生活费

C. 因养子女成年后虐待、遗弃养父母而解除收养关系的，养父母可以要求养子女补偿收养期间支出的抚养费

D. 生父母要求解除收养关系的，养父母不能主张生父母对其进行补偿

三、多项选择题

1. 华侨收养三代以内旁系同辈血亲的子女，可以不受下列哪些的限制？（　　）

A. 生父母有特殊困难无力抚养子女

B. 无配偶者收养异性子女的，收养人与被收养人的年龄应当相差40周岁以上

C. 无子女或者只有一名子女

D. 年满30周岁

2. 下列关于收养子女的说法，正确的是：（　　）

A. 无配偶者收养子女的，收养人与被收养人的年龄应当相差40周岁以上

B. 无配偶者收养异性子女的，收养人与被收养人的年龄应当相差40周岁以上

C. 有配偶者收养子女，应当夫妻共同收养

D. 有子女的收养人只能收养一名子女

4. C，解析：《民法典》第 1118 条规定，收养关系解除后，经养父母抚养的成年养子女，对缺乏劳动能力又缺乏生活来源的养父母，应当给付生活费。因养子女成年后虐待、遗弃养父母而解除收养关系的，养父母可以要求养子女补偿收养期间支出的抚养费。生父母要求解除收养关系的，养父母可以要求生父母适当补偿收养期间支出的抚养费；但是，因养父母虐待、遗弃养子女而解除收养关系的除外。故 C 项正确。

三、多项选择题

1. ABC，解析：根据《民法典》第 1099 条的规定，收养三代以内旁系同辈血亲的子女，可以不受本法第 1093 条第 3 项、第 1094 条第 3 项和第 1102 条规定的限制。华侨收养三代以内旁系同辈血亲的子女，还可以不受本法第 1098 条第 1 项规定的限制。故 ABC 项当选。
2. BCD，解析：《民法典》第 1100 条第 1 款规定，无子女的收养人可以收养两名子女；有子女的收养人只能收养一名子女。《民法典》第 1101 条规定，有配偶者收养子女，应当夫妻共同收养。《民法典》第 1102 条规定，无配偶者收养异性子女的，收养人与被收养人的年龄应当相差 40 周岁以上。故 BCD 项正确。

3. 关于收养关系的解除，下列哪些说法是正确的？（ ）
   A. 养子女成年后，自动解除其与养父母的收养关系
   B. 养父母与成年养子女关系恶化、无法共同生活的，可以协议解除收养关系
   C. 送养人与收养人之间，或者养父母与成年养子女之间不能达成解除收养关系的协议的，可以向人民法院提起诉讼
   D. 收养人在被收养人成年以前，不得解除收养关系，但是收养人、送养人双方协议解除的除外

四、填空题

1. 监护人送养孤儿的，应当征得____同意。
2. 收养关系成立后，____应当按照国家有关规定为被收养人办理户口登记。
3. 收养人、送养人要求____收养秘密的，其他人应当尊重其意愿，____泄露。
4. 养子女可以随____或者____的姓氏，经当事人____，也可以保留原姓氏。
5. 当事人协议解除收养关系的，应当到____办理解除收养关系登记。

五、简答题

1. 简述被收养人和送养人的范围。
2. 简述收养人办理收养的条件。

3. BCD，解析：《民法典》第1114条规定，收养人在被收养人成年以前，不得解除收养关系，但是收养人、送养人双方协议解除的除外。第1115条规定，养父母与成年养子女关系恶化、无法共同生活的，可以协议解除收养关系。不能达成协议的，可以向人民法院提起诉讼。故BCD项正确。

四、填空题

1. 抚养义务的人。（《民法典》第1096条）
2. 公安机关。（《民法典》第1106条）
3. 保守；不得。（《民法典》第1110条）
4. 养父；养母；协商一致。（《民法典》第1112条）
5. 民政部门。（《民法典》第1116条）

五、简答题

1. 答：根据《民法典》第1093条的规定，下列未成年人，可以被收养：（1）丧失父母的孤儿；（2）查找不到生父母的未成年人；（3）生父母有特殊困难无力抚养的子女。

   根据《民法典》第1094条的规定，下列个人、组织可以作送养人：（1）孤儿的监护人；（2）儿童福利机构；（3）有特殊困难无力抚养子女的生父母。

2. 答：根据《民法典》第1098、1099条的规定，在我国，收养人办理收养的，应当同时具备下列条件：（1）无子女或者只有一名子女；（2）有抚养、教育和保护被收养人的能力；（3）未患有在医学上认为不应当收养子女的疾病；（4）无不利于被收养人健康成长的违法犯罪记录；（5）年满30周岁。华侨收养三代以内旁系同辈血亲的子女，还可以不受“无子女或者只有一名子女”的限制。

第四讲　继承关系

一、判断题

1. 国家保护所有民事主体的继承权。(　　)
2. 继承权男女平等。(　　)
3. 自书遗嘱由遗嘱人亲自拟定内容，签名，注明年、月、日。(　　)
4. 立有数份遗嘱，内容相抵触的，抵触的部分均不发生法律效力。(　　)
5. 遗产管理人因故意或者重大过失造成继承人损害的，应当承担民事责任。(　　)
6. 继承开始后，继承人于遗产分割前死亡的，该继承人应当继承的遗产转给其他继承人。(　　)
7. 遗赠的执行不得妨碍清偿遗赠人依法应当缴纳的税款和债务。(　　)

二、单项选择题

1. 关于代位继承，以下表述正确的是：(　　)

   A. 被继承人的子女先于被继承人死亡的，由被继承人的子女的直系血亲代位继承

   B. 被继承人的兄弟姐妹先于被继承人死亡的，由被继承人的兄弟姐妹的子女代位继承

   C. 代位继承人继承的遗产份额以被代位继承人有权继承的遗产份额为限

   D. 代位继承既可适用于法定继承，又可适用于遗嘱继承和遗赠

参考答案

一、判断题

1. ×，解析：根据《民法典》第1120条规定，国家保护自然人的继承权。
2. √，解析：根据《民法典》第1126条规定。
3. ×，解析：根据《民法典》第1134条规定，自书遗嘱由遗嘱人亲笔书写，签名，注明年、月、日。
4. ×，解析：根据《民法典》第1142条规定，遗嘱人可以撤回、变更自己所立的遗嘱。立遗嘱后，遗嘱人实施与遗嘱内容相反的民事法律行为的，视为对遗嘱相关内容的撤回。立有数份遗嘱，内容相抵触的，以最后的遗嘱为准。
5. √，解析：根据《民法典》第1148条规定。
6. ×，解析：根据《民法典》第1152条规定，继承开始后，继承人于遗产分割前死亡，并没有放弃继承的，该继承人应当继承的遗产转给其继承人，但是遗嘱另有安排的除外。
7. √，解析：根据《民法典》第1162规定。

二、单项选择题

1. B，解析：根据《民法典》第1128条规定，被继承人的子女先于被继承人死亡的，由被继承人的子女的直系晚辈血亲代位继承。被继承人的兄弟姐妹先于被继承人死亡的，由被继承人的兄弟姐妹的子女代位继承。代位继承人一般只能继承被代位继承人有权继承的遗产份额。

2. 关于法定继承中遗产的分配规则，以下表述正确的是：(　　)

A. 同一顺序继承人继承遗产的份额，应当一律均等

B. 对生活有特殊困难的继承人，分配遗产时，应当予以照顾

C. 与被继承人共同生活的继承人，分配遗产时，应当多分

D. 继承人协商同意的，继承遗产的份额也可以不均等

3. 打印遗嘱时，以下哪个选项不是必备条件？(　　)

A. 遗嘱人和两位以上见证人在场见证

B. 遗嘱人和见证人在每一页签名

C. 情况危急

D. 注明年、月、日

4. 关于附义务的遗嘱继承或者遗赠，以下表述正确的是：(　　)

A. 遗嘱继承可以附义务

B. 遗赠不得附义务

C. 遗嘱继承附有义务的，继承人应当履行义务

D. 继承人没有正当理由不履行义务的，经利害关系人请求，人民法院可以取消其接受附义务部分遗产的权利

5. 不宜分割的财产，不可采用(　　)方式处理。

A. 折价　　　　B. 竞价拍卖

C. 共有　　　　D. 适当补偿

6. 关于无人继承又无人受遗赠遗产，以下表述正确的是：(　　)

A. 一律归国家所有　　　　B. 用于公益事业

C. 用于社会事业　　　　D. 用于公共事业

2. D，解析：根据《民法典》第 1130 条规定，同一顺序继承人继承遗产的份额，一般应当均等。对生活有特殊困难又缺乏劳动能力的继承人，分配遗产时，应当予以照顾。对被继承人尽了主要扶养义务或者与被继承人共同生活的继承人，分配遗产时，可以多分。有扶养能力和有扶养条件的继承人，不尽扶养义务的，分配遗产时，应当不分或者少分。继承人协商同意的，也可以不均等。据此，ABC 项错误，D 项正确。
3. C，解析：根据《民法典》第 1136 条规定，打印遗嘱应当有两个以上见证人在场见证。遗嘱人和见证人应当在遗嘱每一页签名，注明年、月、日。
4. B，解析：根据《民法典》第 1144 条规定，遗嘱继承或者遗赠附有义务的，继承人或者受遗赠人应当履行义务。没有正当理由不履行义务的，经利害关系人或者有关组织请求，人民法院可以取消其接受附义务部分遗产的权利。
5. B，解析：根据《民法典》第 1156 条规定，遗产分割应当有利于生产和生活需要，不损害遗产的效用。不宜分割的遗产，可以采取折价、适当补偿或者共有等方法处理。据此，ACD 项错误，B 项正确。
6. B，解析：根据《民法典》第 1160 条规定，无人继承又无人受遗赠的遗产，归国家所有，用于公益事业；死者生前是集体所有制组织成员的，归所在集体所有制组织所有。

三、多项选择题

1. 继承开始后，关于如何办理具体继承事宜，以下表述正确的是：（　　）
   A. 有遗赠扶养协议的，按照协议办理
   B. 法定继承优先
   C. 遗嘱继承优先
   D. 继承人在遗产处理前没有表示放弃继承的，视为接受继承
2. 关于法定继承人的继承顺序，以下表述正确的是：（　　）
   A. 第一顺序：配偶、子女
   B. 第二顺序：兄弟姐妹、祖父母、外祖父母
   C. 子女包括继子女
   D. 兄弟姐妹包括同父异母的兄弟姐妹
3. 关于自然人立遗嘱，以下表述正确的是：（　　）
   A. 在遗嘱中将个人财产指定法定继承人中的数人继承
   B. 在遗嘱中将个人财产指定法定继承人中的一人继承
   C. 在遗嘱中将个人财产赠与国家
   D. 设立遗嘱信托
4. 以下属于录音录像遗嘱条件的是：（　　）
   A. 注明年、月、日
   B. 两个以上见证人到场见证
   C. 继承人到场见证
   D. 遗嘱人和见证人在录音录像中记录其姓名或者肖像
5. 遗产管理人应当履行的职责应当包括：（　　）
   A. 清理遗产并制作遗产清单
   B. 向继承人报告遗产情况
   C. 处理被继承人的债权债务
   D. 采取必要措施防止遗产毁损、灭失

三、多项选择题

1. AD，解析：根据《民法典》第 1123 条规定，继承开始后，按照法定继承办理；有遗嘱的，按照遗嘱继承或者遗赠办理；有遗赠扶养协议的，按照协议办理。
2. BD，解析：根据《民法典》第 1127 条规定，遗产按照下列顺序继承：（1）第一顺序：配偶、子女、父母；（2）第二顺序：兄弟姐妹、祖父母、外祖父母。继承开始后，由第一顺序继承人继承，第二顺序继承人不继承；没有第一顺序继承人继承的，由第二顺序继承人继承。本编所称子女，包括婚生子女、非婚生子女、养子女和有扶养关系的继子女。本编所称父母，包括生父母、养父母和有扶养关系的继父母。本编所称兄弟姐妹，包括同父母的兄弟姐妹、同父异母或者同母异父的兄弟姐妹、养兄弟姐妹、有扶养关系的继兄弟姐妹。
3. ABCD，解析：根据《民法典》第 1133 条规定，自然人可以依照本法规定立遗嘱处分个人财产，并可以指定遗嘱执行人。自然人可以立遗嘱将个人财产指定由法定继承人中的一人或者数人继承。自然人可以立遗嘱将个人财产赠与国家、集体或者法定继承人以外的组织、个人。自然人可以依法设立遗嘱信托。
4. ABD，解析：根据《民法典》第 1137 规定，以录音录像形式立的遗嘱，应当有两个以上见证人在场见证。遗嘱人和见证人应当在录音录像中记录其姓名或者肖像，以及年、月、日。
5. ABCD，解析：根据《民法典》第 1147 条规定，遗产管理人应当履行下列职责：（1）清理遗产并制作遗产清单；（2）向继承人报告遗产情况；（3）采取必要措施防止遗产毁损、灭失；（4）处理被继承人的债权债务；（5）按照遗嘱或者依照法律规定分割遗产；（6）实施与管理遗产有关的其他必要行为。

四、填空题

1. 继承从被继承人____时开始。
2. 继承人____杀害被继承人的，丧失继承权。
3. 丧偶儿媳对公婆，丧偶女婿对岳父母，尽了____的，作为____。
4. 对继承人以外的依靠被继承人扶养的人，或者继承人以外的对被继承人扶养较多的人，____。
5. 代书遗嘱应当有两个以上见证人在场见证，由其中一人代书，并由____、____和____签名，注明年、月、日。
6. 公证遗嘱由遗嘱人经____办理。
7. 存有遗产的人，应当妥善保管遗产，任何组织或者个人不得____。
8. 分割遗产，应当清偿被继承人依法应当缴纳的税款和债务；但是，应当为____的继承人保留____遗产。

四、填空题

1. 死亡。(《民法典》第 1121 条)
2. 故意。(《民法典》第 1125 条)
3. 主要赡养义务；第一顺序继承人。(《民法典》第 1129 条)
4. 可以分给适当的遗产。(《民法典》第 1131 条)
5. 遗嘱人；代书人；其他见证人。(《民法典》第 1135 条)
6. 公证机构。(《民法典》第 1139 条)
7. 侵吞或者争抢。(《民法典》第 1151 条)
8. 缺乏劳动能力又没有生活来源；必要的。(《民法典》第 1159 条)

专题六

应知悉的侵权规则

第一讲　侵权责任的一般规定

一、判断题

1. 行为人因过错侵害他人民事权益造成损害的，应当承担侵权责任。(　　)
2. 二人以上共同实施侵权行为，造成他人损害的，应当承担按份责任。(　　)
3. 二人以上实施危及他人人身、财产安全的行为，其中一人或者数人的行为造成他人损害，能够确定具体侵权人的，由侵权人承担侵权责任。(　　)
4. 损害是因受害人重大过失造成的，行为人不承担责任。(　　)
5. 因同一侵权行为造成多人死亡的，应当以相同数额确定死亡赔偿金。(　　)
6. 侵害他人人身权益造成财产损失的，只能按照被侵权人因此受到的损失赔偿。(　　)
7. 侵害他人财产的，财产损失按照索赔时的市场价格或者其他合理方式计算。(　　)
8. 受害人和行为人对损害的发生都没有过错的，依照双方约定分担损失。(　　)

参考答案

一、判断题

1. √，解析：《民法典》第 1165 条第 1 款。
2. ×，解析：《民法典》第 1168 条规定，二人以上共同实施侵权行为，造成他人损害的，应当承担连带责任。
3. √，解析：《民法典》第 1170 条。
4. ×，解析：《民法典》第 1174 条规定，损害是因受害人故意造成的，行为人不承担责任。
5. ×，解析：《民法典》第 1180 条规定，因同一侵权行为造成多人死亡的，可以以相同数额确定死亡赔偿金。
6. ×，解析：《民法典》第 1182 条规定，侵害他人人身权益造成财产损失的，按照被侵权人因此受到的损失或者侵权人因此获得的利益赔偿；被侵权人因此受到的损失以及侵权人因此获得的利益难以确定，被侵权人和侵权人就赔偿数额协商不一致，向人民法院提起诉讼的，由人民法院根据实际情况确定赔偿数额。
7. ×，解析：《民法典》第 1184 条规定，侵害他人财产的，财产损失按照损失发生时的市场价格或者其他合理方式计算。
8. ×，解析：《民法典》第 1186 条规定，受害人和行为人对损害的发生都没有过错的，依照法律的规定由双方分担损失。

二、单选题

1. 关于共同侵权行为构成要件及责任承担，以下表述错误的是：（　　）

   A. 二人以上共同实施

   B. 侵权行为造成他人损害

   C. 行为人应当承担连带责任

   D. 行为人应当根据在共同行为中的地位和作用分别承担相应的责任

2. 下列哪一情形下，行为人不承担侵权责任？（　　）

   A. 损害是因受害人过失造成的

   B. 损害是因受害人重大过失造成的

   C. 损害是因受害人故意造成的

   D. 行为人对损害的发生不存在主观上的故意

3. 自愿参加具有一定风险的文体活动，因其他参加者的行为受到损害的，下列哪一情形下，受害人可以请求其他参加者承担侵权责任？（　　）

   A. 受害人已经尽了足够的注意义务

   B. 其他参加者对损害的发生有过失

   C. 其他参加者对损害的发生有故意或者重大过失

   D. 受害人对损害的发生没有过错

4. 侵害他人造成人身损害的，关于赔偿费用，下列哪一说法是错误的？（　　）

   A. 应当赔偿实际支出的费用

   B. 应当赔偿因误工减少的收入

   C. 造成残疾的，还应当赔偿辅助器具费和残疾赔偿金

   D. 造成死亡的，还应当赔偿丧葬费和死亡赔偿金

二、单选题

1. D，解析：《民法典》第1168条规定，二人以上共同实施侵权行为，造成他人损害的，应当承担连带责任。ABC项正确，D项错误。
2. C，解析：《民法典》第1174条规定，损害是因受害人故意造成的，行为人不承担责任。故C项当选。
3. C，解析：《民法典》第1176条第1款规定，自愿参加具有一定风险的文体活动，因其他参加者的行为受到损害的，受害人不得请求其他参加者承担侵权责任；但是，其他参加者对损害的发生有故意或者重大过失的除外。故C项当选。
4. A，解析：《民法典》第1179条规定，侵害他人造成人身损害的，应当赔偿医疗费、护理费、交通费、营养费、住院伙食补助费等为治疗和康复支出的合理费用，以及因误工减少的收入。造成残疾的，还应当赔偿辅助器具费和残疾赔偿金；造成死亡的，还应当赔偿丧葬费和死亡赔偿金。故A项错误。

5. 侵害他人财产的，被侵权人的财产损失应当如何计算？（　　）

A. 按照索赔时的政府定价计算

B. 根据损失发生时的政府定价计算

C. 按照索赔时的市场价格计算

D. 按照损失发生时的市场价格计算

6. 关于公平责任的要件及损失分担，以下表述错误的是：（　　）

A. 受害人对损害的发生没有过错

B. 行为人对损害的发生没有过错

C. 依照法律规定由双方分担损失

D. 依照双方的约定分担损失

三、多选题

1. 侵权行为危及他人人身、财产安全的，被侵权人有权请求侵权人承担哪些侵权责任？（　　）

A. 停止侵害　　B. 排除妨碍

C. 消除影响　　D. 恢复原状

2. 下列哪些情形下，不可以减轻侵权人的责任？（　　）

A. 被侵权人也给侵权人造成了一定损害

B. 被侵权人对同一损害的发生或者扩大有过错

C. 侵权人主观上不存在故意

D. 侵权人是受他人教唆实施侵权

3. 以下哪些属于侵害他人造成人身损害的赔偿项目：（　　）

A. 医疗费、护理费

B. 营养费、住院伙食补助

C. 交通费、误工减少的收入

D. 辅助器具费和残疾赔偿金、丧葬费和死亡赔偿金

5. D，解析：《民法典》第 1184 条规定，侵害他人财产的，财产损失按照损失发生时的市场价格或者其他合理方式计算。故 D 项正确。
6. D，解析：《民法典》第 1186 条规定，受害人和行为人对损害的发生都没有过错的，依照法律的规定由双方分担损失。据此，ABC 项正确，D 项错误。

三、多选题

1. ABC，解析：《民法典》第 1167 条规定，侵权行为危及他人人身、财产安全的，被侵权人有权请求侵权人承担停止侵害、排除妨碍、消除危险等侵权责任。故 ABC 项正确。
2. ACD，解析：《民法典》第 1173 条规定，被侵权人对同一损害的发生或者扩大有过错的，可以减轻侵权人的责任。故 ACD 项当选。
3. ABCD，解析：《民法典》第 1179 条规定，侵害他人造成人身损害的，应当赔偿医疗费、护理费、交通费、营养费、住院伙食补助费等为治疗和康复支出的合理费用，以及因误工减少的收入。造成残疾的，还应当赔偿辅助器具费和残疾赔偿金；造成死亡的，还应当赔偿丧葬费和死亡赔偿金。故 ABCD 项均正确。

4. 下列哪些情形下，被侵权人有权请求精神损害赔偿？(　　)

A. 侵害自然人人身权益造成精神损害

B. 侵害自然人人身权益造成严重精神损害

C. 侵害自然人具有人身意义的特定物造成严重损害

D. 因故意或者重大过失侵害自然人具有人身意义的特定物造成严重精神损害

5. 在知识产权的故意侵害事例中，被侵权人需同时具备(　　)，才能主张相应的惩罚性赔偿。

A. 主观上是故意　　B. 主观上是重大过失

C. 性质上要求情节严重　　D. 结果上要求造成损失

四、填空题

1. 二人以上共同实施侵权行为，造成他人损害的，应当承担____责任。
2. 二人以上实施危及他人人身、财产安全的行为，其中一人或者数人的行为造成他人损害，____具体侵权人的，由____承担责任；____具体侵权人的，行为人承担____责任。
3. 二人以上____实施侵权行为造成____损害，能够确定责任大小的，各自承担____的责任；难以确定责任大小的，____承担责任。
4. 损害是因____造成的，行为人不承担责任。
5. 被侵权人死亡的，其____有权请求侵权人承担侵权责任。被侵权人为组织，该组织分立、合并的，____有权请求侵权人承担侵权责任。
6. ____侵害他人知识产权，____的，被侵权人有权请求相应的惩罚性赔偿。

五、简答题

简述《民法典》关于过错责任原则、无过错责任原则、公平责任原则的规定。

4. BD，解析：《民法典》第 1183 条规定，侵害自然人人身权益造成严重精神损害的，被侵权人有权请求精神损害赔偿。因故意或者重大过失侵害自然人具有人身意义的特定物造成严重精神损害的，被侵权人有权请求精神损害赔偿。故 BD 项当选。
5. AC，解析：《民法典》第 1185 条规定，故意侵害他人知识产权，情节严重的，被侵权人有权请求相应的惩罚性赔偿。故 AC 项当选。

四、填空题

1. 连带。(《民法典》第 1168 条)
2. 能够确定；侵权人；不能确定；连带。(《民法典》第 1170 条)
3. 分别；同一；相应；平均。(《民法典》第 1172 条)
4. 受害人故意。(《民法典》第 1174 条)
5. 近亲属；承继权利的组织。(《民法典》第 1181 条)
6. 故意；情节严重。(《民法典》第 1185 条)

五、简答题

答：过错责任原则：《民法典》第 1165 条规定，行为人因过错侵害他人民事权益造成损害的，应当承担侵权责任。依照法律规定推定行为人有过错，其不能证明自己没有过错的，应当承担侵权责任。

无过错责任原则：《民法典》第 1166 条规定，行为人造成他人民事权益损害，不论行为人有无过错，法律规定应当承担侵权责任的，依照其规定。

公平责任原则：《民法典》第 1186 条规定，受害人和行为人对损害的发生都没有过错的，依照法律的规定由双方分担损失。

第二讲　常见的侵权类型

一、判断题

1. 因产品存在缺陷造成他人损害的，生产者应当承担侵权责任。(　　)
2. 未经允许驾驶他人机动车，发生交通事故造成损害，属于该机动车一方责任的，由机动车使用人承担赔偿责任。(　　)
3. 以买卖或者其他方式转让拼装或者已经达到报废标准的机动车，发生交通事故造成损害的，由转让人承担责任。(　　)
4. 患者在诊疗活动中受到损害，由医疗机构承担赔偿责任。(　　)
5. 在抢救生命垂危的患者等紧急情况下，不能取得患者或者其近亲属意见的，医务人员应当立即实施相应的医疗措施。(　　)
6. 因污染环境、破坏生态发生纠纷，行为人应当承担的举证责任以法律规定的不承担责任或者减轻责任的情形为限。(　　)
7. 侵权人污染环境、破坏生态，被侵权人有权请求相应的惩罚性赔偿。(　　)
8. 民用航空器造成他人损害是因受害人故意造成的，民用航空器的经营者不承担责任。(　　)
9. 违反管理规定，未对动物采取安全措施造成他人损害的，动物饲养人或者管理人应当承担侵权责任；但是，能够证明损害是因被侵权人故意造成的，可以减轻责任。(　　)
10. 动物园的动物致人损害，动物园尽到管理职责的，不承担侵权责任。(　　)
11. 禁止从建筑物中抛掷物品。(　　)

参考答案

一、判断题

1. √，解析：《民法典》第1202条。
2. √，解析：《民法典》第1212条。
3. ×，解析：《民法典》第1214条规定，以买卖或者其他方式转让拼装或者已经达到报废标准的机动车，发生交通事故造成损害的，由转让人和受让人承担连带责任。
4. ×，解析：《民法典》第1218条规定，患者在诊疗活动中受到损害，医疗机构或者其医务人员有过错的，由医疗机构承担赔偿责任。
5. ×，解析：《民法典》第1220条规定，因抢救生命垂危的患者等紧急情况，不能取得患者或者其近亲属意见的，经医疗机构负责人或者授权的负责人批准，可以立即实施相应的医疗措施。
6. ×，解析：《民法典》第1230条规定，因污染环境、破坏生态发生纠纷，行为人应当就法律规定的不承担责任或者减轻责任的情形及其行为与损害之间不存在因果关系承担举证责任。
7. ×，解析：《民法典》第1232条规定，侵权人违反法律规定故意污染环境、破坏生态造成严重后果的，被侵权人有权请求相应的惩罚性赔偿。
8. √，解析：《民法典》第1238条。
9. √，解析：《民法典》第1246条。
10. √，解析：《民法典》第1248条。
11. √，解析：《民法典》第1254条。

二、单选题

1. 下列关于产品缺陷侵权的说法，哪一选项是正确的？（　　）

A. 因产品存在缺陷造成他人损害的，生产者应当承担侵权责任

B. 被侵权人只能要求生产者承担侵权责任

C. 被侵权人只能要求销售者承担侵权责任

D. 被侵权人只能要求生产者或者销售者一方承担侵权责任

2. 关于医疗损害责任，下列哪一说法是正确的？（　　）

A. 患者在诊疗活动中受到损害，由医疗机构承担赔偿责任

B. 患者在诊疗活动中受到损害，医疗机构不能证明没有过错的，由医疗机构承担赔偿责任

C. 患者在诊疗活动中受到损害，医务人员有过错的，由医务人员承担赔偿责任

D. 患者在诊疗活动中受到损害，医疗机构有过错的，由医疗机构承担赔偿责任

3. 患者在诊疗活动中受到损害，下列哪一情形下，不能推定医疗机构有过错？（　　）

A. 医疗机构违反法律、行政法规、规章以及其他有关诊疗规范的规定

B. 医疗机构隐匿或者拒绝提供与纠纷有关的病历资料

C. 医疗机构遗失病历资料

D. 医疗机构销毁病历资料

4. 在污染环境和破坏生态纠纷中，行为人不承担下列哪一项事实的举证责任？（　　）

A. 法律规定的不承担责任的情形

B. 法律规定的减轻责任的情形

C. 其行为与损害结果之间不存在因果关系

D. 发生污染环境和破坏生态的损害事实

二、单选题

1. A，解析：《民法典》第 1202 条规定，因产品存在缺陷造成他人损害的，生产者应当承担侵权责任。故 A 项正确。
2. D，解析：《民法典》第 1218 条规定，患者在诊疗活动中受到损害，医疗机构或者其医务人员有过错的，由医疗机构承担赔偿责任。
3. D，解析：《民法典》第 1222 条规定，患者在诊疗活动中受到损害，有下列情形之一的，推定医疗机构有过错：（1）违反法律、行政法规、规章以及其他有关诊疗规范的规定；（2）隐匿或者拒绝提供与纠纷有关的病历资料；（3）遗失、伪造、篡改或者违法销毁病历资料。故 D 项当选。
4. D，解析：《民法典》第 1230 条规定，因污染环境、破坏生态发生纠纷，行为人应当就法律规定的不承担责任或者减轻责任的情形及其行为与损害之间不存在因果关系承担举证责任。故 D 项当选。

5. 因第三人的过错致使动物造成他人损害的，关于侵权责任的承担，下列哪一说法是错误的？（　　）

A. 被侵权人可以向动物饲养人请求赔偿

B. 被侵权人可以向第三人请求赔偿

C. 被侵权人可以向管理人请求赔偿

D. 动物饲养人或者管理人赔偿后，无权向第三人追偿

三、多选题

1. 下列哪些情形下，被侵权人有权请求相应的惩罚性赔偿？（　　）

A. 明知产品存在缺陷仍然生产、销售

B. 明知产品存在缺陷仍然生产、销售，造成他人死亡或者健康严重损害

C. 因产品存在缺陷，没有采取有效补救措施

D. 因产品存在缺陷，没有采取有效补救措施，造成他人死亡或者健康严重损害

2. 机动车所有人、管理人与使用人不是同一人时，发生交通事故造成损害，关于侵权责任的承担，下列哪些说法是正确的？（　　）

A. 由机动车使用人承担赔偿责任

B. 属于该机动车一方责任的，由机动车使用人承担赔偿责任

C. 机动车所有人、管理人对损害的发生有过错的，承担相应的赔偿责任

D. 机动车所有人、管理人对损害的发生有过错的，应当承担赔偿责任

5. D，解析：《民法典》第1250条规定，因第三人的过错致使动物造成他人损害的，被侵权人可以向动物饲养人或者管理人请求赔偿，也可以向第三人请求赔偿。动物饲养人或者管理人赔偿后，有权向第三人追偿。故D项错误。

三、多选题

1. BD，解析：《民法典》第1207条规定，明知产品存在缺陷仍然生产、销售，或者没有依据前条规定采取有效补救措施，造成他人死亡或者健康严重损害的，被侵权人有权请求相应的惩罚性赔偿。故BD项当选。

2. BC，解析：《民法典》第1209条规定，因租赁、借用等情形机动车所有人、管理人与使用人不是同一人时，发生交通事故造成损害，属于该机动车一方责任的，由机动车使用人承担赔偿责任；机动车所有人、管理人对损害的发生有过错的，承担相应的赔偿责任。故BC项正确。

3. 因药品、消毒产品、医疗器械的缺陷，或者输入不合格的血液造成患者损害的，患者可以向下列哪些机构请求赔偿？（ ）

A. 药品上市许可持有人　　B. 生产者

C. 血液提供机构　　D. 医疗机构

4. 因第三人的过错污染环境、破坏生态的，关于侵权责任的承担，下列哪些说法是正确的？（ ）

A. 被侵权人可以向侵权人请求赔偿

B. 被侵权人可以向第三人请求赔偿

C. 侵权人赔偿后，有权向第三人追偿

D. 侵权人承担最终责任

5. 民用核设施或者运入运出核设施的核材料发生核事故造成他人损害的，下列哪些情形下，营运单位不承担责任？（ ）

A. 损害是因战争造成的　　B. 损害是因武装冲突造成的

C. 损害是因发生暴乱造成的　　D. 损害是受害人故意造成的

6. 因林木折断、倾倒或者果实坠落等造成他人损害的，下列哪些说法是错误的？（ ）

A. 林木的所有人或者管理人因故意或者重大过失造成他人损害的，应当承担侵权责任

B. 林木的所有人或者管理人无过错的，可以减轻其责任

C. 林木的所有人或者管理人不能证明自己没有过错的，应当承担侵权责任

D. 林木的所有人或者管理人应当承担侵权责任

四、填空题

1. 因产品存在缺陷造成他人损害的，被侵权人____向产品的生产者请求赔偿，____向产品的销售者请求赔偿。产品缺陷由生产者造成的，销售者赔偿后，有权向生产者____。因销售者的过错使产品存在缺陷的，生产者赔偿后，有权向销售者____。

3. ABCD，解析：《民法典》第 1223 条规定，因药品、消毒产品、医疗器械的缺陷，或者输入不合格的血液造成患者损害的，患者可以向药品上市许可持有人、生产者、血液提供机构请求赔偿，也可以向医疗机构请求赔偿。患者向医疗机构请求赔偿的，医疗机构赔偿后，有权向负有责任的药品上市许可持有人、生产者、血液提供机构追偿。故 ABCD 项当选。
4. ABC，解析：《民法典》第 1233 条规定，因第三人的过错污染环境、破坏生态的，被侵权人可以向侵权人请求赔偿，也可以向第三人请求赔偿。侵权人赔偿后，有权向第三人追偿。故 ABC 项当选。
5. ABCD，解析：《民法典》第 1237 条规定，民用核设施或者运入运出核设施的核材料发生核事故造成他人损害的，民用核设施的营运单位应当承担侵权责任；但是，能够证明损害是因战争、武装冲突、暴乱等情形或者受害人故意造成的，不承担责任。故 ABCD 项当选。
6. ABD，解析：《民法典》第 1257 条规定，因林木折断、倾倒或者果实坠落等造成他人损害，林木的所有人或者管理人不能证明自己没有过错的，应当承担侵权责任。故 ABD 项错误。

四、填空题

1. 可以；也可以；追偿；追偿。(《民法典》第 1203 条)

2. 盗窃、抢劫或者抢夺的机动车发生交通事故造成损害的，由____承担赔偿责任。盗窃人、抢劫人或者抢夺人与机动车使用人不是同一人，发生交通事故造成损害，属于该机动车一方责任的，由盗窃人、抢劫人或者抢夺人与机动车使用人承担____责任。保险人在机动车强制保险责任限额范围内垫付抢救费用的，有权向交通事故责任人____。
3. 医务人员在诊疗活动中未尽到与____的医疗水平相应的诊疗义务，造成患者损害的，医疗机构____承担赔偿责任。
4. 医疗机构及其医务人员不得违反诊疗规范实施____的检查。
5. 两个以上侵权人污染环境、破坏生态的，承担责任的大小，根据污染物的____，破坏生态的____，以及____等因素确定。
6. 饲养动物应当遵守____，尊重____，不得妨碍____。

五、简答题

1. 简述我国《民法典》中关于生态环境民事公益诉讼的赔偿范围。
2. 简述我国《民法典》关于建筑物、构筑物或者其他设施倒塌、塌陷致害责任的规定。

2. 盗窃人、抢劫人或者抢夺人；连带；追偿。（《民法典》第 1215 条）
3. 当时；应当。（《民法典》第 1221 条）
4. 不必要。（《民法典》第 1227 条）
5. 种类、浓度、排放量；方式、范围、程度；行为对损害后果所起的作用。（《民法典》第 1231 条）
6. 法律法规；社会公德；他人生活。（《民法典》第 1251 条）

五、简答题

1. 答：《民法典》第 1235 条规定，违反国家规定造成生态环境损害的，国家规定的机关或者法律规定的组织有权请求侵权人赔偿下列损失和费用：（1）生态环境受到损害至修复完成期间服务功能丧失导致的损失；（2）生态环境功能永久性损害造成的损失；（3）生态环境损害调查、鉴定评估等费用；（4）清除污染、修复生态环境费用；（5）防止损害的发生和扩大所支出的合理费用。
2. 答：《民法典》第 1252 条规定，建筑物、构筑物或者其他设施倒塌、塌陷造成他人损害的，由建设单位与施工单位承担连带责任，但是建设单位与施工单位能够证明不存在质量缺陷的除外。建设单位、施工单位赔偿后，有其他责任人的，有权向其他责任人追偿。因所有人、管理人、使用人或者第三人的原因，建筑物、构筑物或者其他设施倒塌、塌陷造成他人损害的，由所有人、管理人、使用人或者第三人承担侵权责任。

图书在版编目（CIP）数据

民法典知识题集：领导干部版/《民法典知识题集》编写组编.—北京：中国法制出版社，2021.6

ISBN 978-7-5216-1946-1

Ⅰ.①民… Ⅱ.①民… Ⅲ.①民法-中国-习题集 Ⅳ.①D923-44

中国版本图书馆 CIP 数据核字（2021）第 106141 号

策划统筹 潘环环 刘海龙

责任编辑 黄丹丹 刘海龙

封面设计 周黎明

民法典知识题集：领导干部版

MINFADIAN ZHISHI TIJI：LINGDAO GANBU BAN

编/《民法典知识题集》编写组

经销/新华书店

印刷/三河市国英印务有限公司

开本/880 毫米×1230 毫米 32 开

印张/7.25 字数/130 千

版次/2021 年 6 月第 1 版

2021 年 6 月第 1 次印刷

中国法制出版社出版

书号 ISBN 978-7-5216-1946-1

定价：28.00 元

北京西单横二条 2 号

邮政编码 100031

传真：010-66031119

网址：http：//www.zgfzs.com

编辑部电话：010-66066820

市场营销部电话：010-66033393

邮购部电话：010-66033288

（如有印装质量问题，请与本社印务部联系调换。电话：010-66032926）